Corporate Design (CD)

Corporate Design (CD)
Akquisition
Sensibilisierung
Prozess
Vertragsgestaltung

Verlag Hermann Schmidt Mainz

Die Deutsche Bibliothek –
CIP-Einheitsaufnahme
Ein Titeldatensatz für diese
Publikation ist bei der
Deutschen Bibliothek erhältlich.
ISBN 3-87439-597-9

Verlag Hermann Schmidt Mainz
Robert-Koch-Straße 8
55129 Mainz
Telefon (0 61 31) 50 60 30
Fax (0 61 31) 50 60 80
info@typografie.de
www.typografie.de

Herausgeber:
Rayan Abdullah (www.rayan.de)
Roger Hübner (www.webjuice.de)

Titelgestaltung:
Rayan Abdullah, Roger Hübner

Satz und Innentypografie:
Oliver Brechner, Dortmund

Druck:
Universitätsdruckerei
H. Schmidt Mainz

Buchbinderei:
J. Schäffer, Grünstadt

Schriften:
GST Polo von Georg Salden,
Trinité 2 von Bram de Does –
The Enschedé Font Foundry

Papier:
Gardapat 13, 135 g/m² (Inhalt)
Sirio SIR, Vermiglione, 140 g/m² (Bezug)

Wir möchten den Agenturen
für ihre Zusammenarbeit sowie
ihre Bildmaterialien und -daten
herzlich danken.

Inhalt

»Corporate Design ist ein Prozess.« **1**

Durch Aussehen, Verhalten und Sprache hinterlässt jeder
Eindrücke bei seiner Umwelt. Frisur, Kleidung und alle
Dinge, mit denen wir uns umgeben, lassen von uns ein
visuelles Bild entstehen. Im Zusammenspiel mit Verhalten
und Sprache entsteht daraus ein Gesamtbild. Manchmal
eindeutig, manchmal scheinbar willkürlich. Je ausgeprägter
dieses Zusammenspiel und somit das Gesamtbild ist, desto
eindeutiger lassen sich die Identität und die Absichten
eines Menschen erkennen. Auch Zusammenschlüsse von
Personen hinterlassen als Verein, Partei, Unternehmen
oder Kooperation einen Eindruck bei ihrer Umgebung, der
in diesem Zusammenhang Corporate Identity (CI) genannt   **Corporate Identity**
wird. Das Aussehen nennt sich demzufolge Corporate
Design (CD), das Verhalten Corporate Behavior (CB) und
die Sprache Corporate Communication (CC).

   Dieses Zusammenspiel und seine Möglichkeiten sind
den meisten deutschen Unternehmen leider nicht bewusst.
Die wirtschaftliche Betrachtungsweise eines Unternehmens
besteht meistens lediglich aus Rechenbeispielen. Da »Äußer-
lichkeiten« wie Aussehen, Verhalten und Sprache schwer in
Zahlen auszudrücken sind, werden sie außer Betracht gelas-
sen. Durch den gezielten Einsatz dieser Instrumente kann
die Intensität des Eindrucks beziehungsweise der Corporate
Identity gesteuert werden. Erst dann hat ein Unternehmen

die Möglichkeit, nicht nur einzelne Produkte, sondern auch sein Image, das die Position der Produkte stärkt, den sich ändernden Marktanforderungen anzupassen. Corporate Identity – und somit auch seine Instrumente Corporate Design, Corporate Behavior und Corporate Communication – ist kein Zustand, sondern ein Prozess. Im vorliegenden Buch konzentrieren wir uns auf eines dieser CI-Instrumente: das Corporate Design.

Zum einen möchten wir mit diesem Buch der häufigen Verwechslung beziehungsweise Gleichstellung der Begriffe Corporate Identity und Corporate Design entgegenwirken, **Wirtschaftlichkeit von Corporate Design** zum anderen ein Bewusstsein für die Wirtschaftlichkeit von Corporate Design schaffen. Die größten Probleme auf diesem Weg sind die allgemein mangelnde Kenntnis über das eigentliche Wesen und die wirtschaftlichen Möglichkeiten von Corporate Design und dessen Beziehung zur Corporate Identity. Wir bieten Möglichkeiten zur Behebung dieser grundlegenden Problematik und beziehen diese auch in die Kostenfrage mit ein. Durch praxisnahe Erläuterungen und Checklisten möchten wir Auftragnehmern und Auftraggebern sowie Anfängern und gegebenenfalls Profis eine Orientierungshilfe bieten. Anschließend finden Sie in der zweiten Hälfte des Buchs eine Reihe von uns recherchierter Praxisbeispiele, die Ihnen behilflich sein sollen, einen Überblick zum unterschiedlichen Umgang mit Corporate-Design-Aufgaben zu bekommen.

Was ist Corporate Design (CD)? 2

Corporate Design ist eines von drei wesentlichen Instrumenten der Corporate Identity (CI). Es bestimmt das
einheitliche und charakteristische visuelle Unternehmensprofil eines Unternehmens, die unverwechselbare Form.

Corporate Identity (CI) 2.1

Die Bezeichnung »Corporate« stammt aus dem Englischen
und beschreibt eine juristische Person, also ein Unternehmen. Ganz speziell ist hier die individuelle Identität
eines Unternehmens gemeint.

Corporate
englisch für Kooperations-, Konzern-, Unternehmens-

Identity
englisch für Identität

Die Unternehmensidentität
Warum muss die Identität eines Unternehmens definiert
werden? Wie und wodurch zeigt sich Identität?

Ein Unternehmen braucht Kunden, um seine Produkte vertreiben und Umsatz generieren zu können. Die Märkte sind eng geworden. Das Produktangebot ist groß. Das bislang wichtigste Entscheidungskriterium für den Konsumenten war die Qualität eines Produkts, doch mittlerweile liegen die Qualitätsstandards allgemein sehr dicht beieinander.

Weitere Entscheidungskriterien kamen hinzu:
- Funktionalität
- Ästhetik
- Ideologie
- Sympathie

Kundenidentifikation mit einem Unternehmen
Es wurde immer wichtiger, über das eigentliche Produkt hinauszugehen und das Unternehmen stärker mit einzubeziehen. Der Kunde identifiziert sich bei seiner Kaufentscheidung mittlerweile nicht mehr nur mit dem eigentlichen Produkt, sondern auch mit dem Unternehmen, das dahinter steht. Je deutlicher ein Unternehmen sich also zu bestimmten Werten bekennt, umso eher – weil offensichtlicher – kann sich der Kunde mit einem Unternehmen und dessen Produkten identifizieren.

Dieses Bekennen zu Eigenschaften, die bestimmte Werte, Ziele und Qualitäten verkörpern, muss nach innen wie nach außen identisch sein. Ansonsten wird die Identität unglaubwürdig, wie man am Beispiel von C&A sehen konnte. Das Bekleidungsunternehmen ging sehr zielgruppenspezifisch mit Werbespots an die Öffentlichkeit, die ein positives, unbeschwertes, junges, ausgelassenes Lebensgefühl vermittelten. Allerdings spiegelten die Verkaufsräume eher das Gegenteil wider. Und nicht nur diese. Alle Kommunikationsmaßnahmen waren nicht aufeinander abgestimmt. Die Spots muteten – isoliert betrachtet – paradiesisch an, die geweckten Erwartungen konnten jedoch nicht eingelöst werden.

Die Identität eines Unternehmens zeigt sich also in dessen Werten, Zielen und Qualitäten. Die Aufgabe ist es nun, diese Werte intern wie extern mittels bestimmter Instrumente zu vermitteln. Mehr als das: sie zu beweisen. Zuerst muss ein Selbstbild (Corporate Personality) definiert und als Ziel gesehen werden. Dann gilt es, das Selbstbild mittels spezieller Instrumente mit dem Fremdbild (Corporate Image) in Übereinstimmung zu bringen.

Identität eines Unternehmens

Corporate Personality

Corporate Image

Bei den erwähnten Instrumenten handelt es sich um:
- ▸ »Corporate Design«, das die Identität und strategischen Unternehmensziele über die visuellen Mittel eines Unternehmens transportiert
- ▸ »Corporate Communication«, das die Identität über die Art der Kommunikation transportiert
- ▸ »Corporate Behavior«, das die Identität über die eigenen Verhaltensweisen des Unternehmens transportiert

Das bekannteste dieser Instrumente ist das Corporate Design (CD). Nicht zuletzt durch den häufigen Gebrauch der entsprechenden Abkürzungen kommt es oft und gerne zu Verwechslungen beziehungsweise zur Gleichsetzung mit dem Begriff Corporate Identity (CI). CI ist jedoch das Ergebnis aller eingesetzten Instrumente. Ein ebenfalls weit verbreiteter Trugschluss ist der Glaube, dass es sich bei einem CD um eine Geschäftsausstattung, bestehend aus Visitenkarte, Briefbogen und so weiter handelt. Solche Objekte bezeichnen nicht das eigentliche CD, sondern sind lediglich Ergebnisse der Anwendung.

Corporate Design

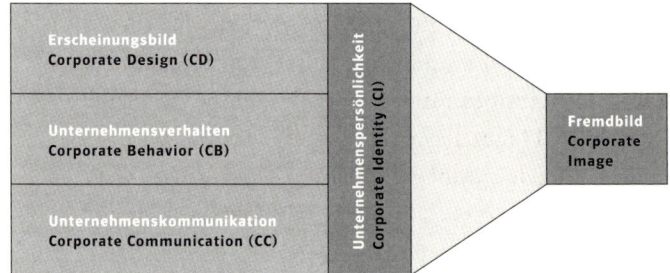

Unternehmenspersönlichkeit
Corporate Identity (CI)

Selbstbild
Corporate Personality

Fremdbild
Corporate Image

Erscheinungsbild
Corporate Design (CD)

Unternehmensverhalten
Corporate Behavior (CB)

Unternehmenskommunikation
Corporate Communication (CC)

Unternehmenspersönlichkeit
Corporate Identity (CI)

Fremdbild
Corporate
Image

Vorteile eines CDs Die wichtigsten Vorteile von bewusst angewandtem, gesteuertem CD liegen im Vertrauensgewinn und in der Identifikation sowohl der Unternehmenskunden als auch der eigenen Mitarbeiter sowie der Vereinfachung von Abläufen, einem ökonomischeren Nutzen und der Präsentation eines klaren Profils am Markt.

Zusammenfassung der Vorteile eines CDs:
- Vertrauensgewinn
- Vereinfachung von Abläufen
- ökonomischer Nutzen
- Identifikation der Mitarbeiter
- klares Unternehmensprofil am Markt

Definition und Dokumentation von CD-Inhalten Die Inhalte eines CDs sollten in einem CD-Manual definiert und dokumentiert werden. Dadurch können sie bei Bedarf auch Dritten zur Verfügung gestellt werden. Das ist jedoch alles andere als selbstverständlich. Leider ist gerade die oft fehlende Dokumentation das Problem, weshalb die Umsetzung und Wirkung des CDs von Beginn an gefährdet ist.

CD-Manual (Gestaltungsrichtlinien)

Ein CD-Manual hat weder einen standardisierten Inhalt noch eine allgemein gültige Form. Maßgeblich sind die Eigenarten des beauftragenden Unternehmens und die Anforderungen für den späteren Gebrauch. Denkbar sind sowohl Manuals mit sehr wenigen als auch mit einer unbegrenzten Anzahl von Kapiteln. Der Umfang des CD-Manuals richtet sich nach den Inhalten und dessen Strukturen. Dabei ist eine sehr detaillierte Definition und Dokumentation im Hinblick auf eine unabhängige Anwendung Dritter erforderlich. Das klassische Medium des CD-Manuals ist Papier. Dies hat sich im Zeitalter der »Neuen Medien« allerdings geändert. Der Anteil der digitalen Medien wie CD-ROM und Internet hat deutlich zugenommen. Unter einem CD-Manual ist also nicht länger nur ein gedrucktes Handbuch zu verstehen.

Anforderungen an ein CD-Manual

Je größer nun das Wirkungsfeld des Unternehmens ist, desto umfangreicher ergänzen sich auch die Kapitel eines CD-Manuals, das demnach eine Vielzahl von Informationen enthalten kann. Dies kann so weit gehen, das ein einziges Manual nicht ausreicht. Je nach Unternehmens- und Produktstruktur kann es erforderlich sein, separate Manuals anzulegen. Erstreckt sich das Wirkungsfeld des Unternehmens über die eigenen Landesgrenzen hinaus, kann sich die Anzahl der benötigten Manuals um ein Vielfaches multiplizieren. Dabei sind neben der Sprache auch mögliche Spezifika einer Landeskultur zu berücksichtigen.

Wirkungsfeld bestimmt den Umfang des CD-Manuals

Kommt es nun bei einem so komplexen Wirkungsfeld zu Änderungen, kann dies zu einem Aufwand führen, der einem Erdrutsch gleichkommt. Es sei denn, das Medium eines Manuals ist nicht unveränderlich und dezentral.

In diesem Zusammenhang bietet sich für die Dokumentationsform eines CD das Medium Internet besonders an.

Aktualisierung von CD-Inhalten

Inhalte sind leicht und zentral zu aktualisieren und abgesehen von den Entwicklungskosten entstehen keine hohen Druck- und Lieferkosten. Stattdessen gilt es, geringere Hostingkosten zu tragen. Größerer finanzieller Spielraum und höhere Flexibilität bieten dadurch mehr Aktualität und Veredelungsmöglichkeiten.

Intranet

Ähnlich wie bei einem Intranet können nutzergruppenorientierte Zugangsrechte beziehungsweise Zugangs

Extranet

daten für ein Extranet verteilt werden. Der Unterschied zum Intranet ist, dass hier auch externe Interessengruppen wie umsetzende Agenturen oder kooperierende Unternehmen einbezogen werden können. Die allgemein ökonomischste Form für ein CD-Manual ist also das Extranet.

2.3 Grundbestandteile eines CDs

Die Problematik eines CD-Manuals liegt in einer späteren flexiblen Anwendung, ohne zuvor alle Anwendungsgegebenheiten kennen zu können. Darum ist es wichtig, ein CD-Manual nicht als ein in sich abgeschlossenes Projekt zu betrachten. Zeitgeist und marktwirtschaftliche Veränderungen erfordern Weiterentwicklungen und Ergänzungen, wodurch die Definition und Dokumentation

Corporate Design als ständiger Prozess

eines CDs zu einem ständigen Prozess wird.

Ein weiteres Problem ist das Controlling der späteren Umsetzung. Je plausibler die Dokumentation, desto leichter fällt es. Aus diesem Grund ist es ratsam, das CD-Manual mit einer Herleitung zu beginnen. Warum wurden die folgenden Entscheidungen getroffen? Noch wichtiger als eine plausible

Herleitung ist es, die Anwendung und Umsetzung möglichst einfach zu machen. Es ist ein großer Unterschied, ob in einem klassischen, kiloschweren Druckwerk die Regeln präzise formuliert sind und man sich seitenweise über die korrekten Millimeterangaben bei der Platzierung von CD-Elementen auslässt oder man in Form von Templates (Vorlagen) die Anwendung und vor allem auch die Akzeptanz enorm erleichtert. Das CD-gerechte »Nachbauen« ist allemal ungeliebt. Die kosten- und zeitsparende Nutzung von Templates garantiert ein konsequenteres Erscheinungsbild schon eher und erleichtert die Kontrollaufgaben. Davon nicht ausgenommen sind bestimmte Basiselemente, die zu Beginn als immer wiederkehrende Gestaltungselemente definiert und dokumentiert sind.

Templates (Vorlagen)

Dabei handelt es sich im Allgemeinen um die Dokumentation von:

Basiselemente

- ▸ Signets (Logo, Wortmarke, Bildmarke, Wort-/Bildmarke etc.)
- ▸ Hausfarben (Primär- und Sekundärfarben, Farbkonzept, Farbklima etc.)
- ▸ Hausschriften (Korrespondenz, Monitorschriften etc.)
- ▸ Piktogrammen
- ▸ Formaten (DIN- und freie Formate)
- ▸ Gestaltungsrastern (Grundlinien-, mm-, Typoraster)
- ▸ Papieren (matt, gestrichen)
- ▸ Datengrafiken (Torten, Balken etc.)
- ▸ Form- beziehungsweise Gliederungselementen
- ▸ Bildkonzepten (Illustrationen, eigene Stile etc.)
- ▸ visuellen Klammern (die höchste Form, die ein CD durch eine inhaltliche Auseinandersetzung mit der CD-Aufgabe und durch den bewussten Einsatz der Basiselemente in allen Medien erreichen kann)

Nach der Dokumentation der Basiselemente werden die Anwendungsbeispiele erklärt. Dies sind zum Beispiel:

- ▸ Briefschaft
- ▸ Kommunikation
- ▸ Literatur
- ▸ digitale Medien
- ▸ Werbung
- ▸ Messe und Ausstellung
- ▸ Publikationen

- ▸ Verpackung und Etiketten
- ▸ Formulare
- ▸ interne Kommunikation
- ▸ Bekleidung
- ▸ Fahrzeuge
- ▸ Architektur
- ▸ Info- und Leitsysteme

Es darf nicht davon ausgegangen werden, dass jeder Auftraggeber über diese CD-Kenntnisse verfügt. Im Gegenteil, den wenigsten ist die tatsächliche Bedeutung von Corporate Design bekannt. Für eine erfolgreiche Zusammenarbeit ist also die Sensibilisierung des Auftraggebers unverzichtbar.

Auftakt einer CD-Sensibilisierung 3

Eine Besonderheit unterscheidet einen CD-Auftrag von anderen Gestaltungsaufgaben. Auftraggeber und Auftragnehmer sollten ihr Bewusstsein zu Beginn eines CD-Prozesses in einer Sensibilisierung etwa auf den gleichen Stand bringen. Dem Auftraggeber sind die Bedeutung und der wirtschaftliche Nutzen eines CD meist nicht wirklich bewusst. Erst die konsequente Anwendung der CD-Entwicklung ergibt in weiteren Arbeitsschritten ein für den Auftraggeber direkt verwertbares Ergebnis. Kann man die CD-Entwicklung nicht überspringen und gleich die Briefschaft, Broschüren, Anzeigen und Plakate entwerfen? Oberflächlich gesehen sieht es so aus, als könnte man hier Geld und Zeit sparen. Aber eben nur auf den ersten Blick. Etliche gescheiterte Versuche, das Erscheinungsbild eines Unternehmens ohne CD-Entwicklung zu prägen, belegen, dass dieser Weg die Auftraggeber teurer zu stehen kommt als die getrennte Durchführung von CD-Entwicklung und Umsetzung. In einer so genannten Sensibilisierung gilt es, dem Auftraggeber nahe zu bringen, warum dies so ist und wo die Wirtschaftlichkeit eines CDs liegt.

    In den seltensten Fällen ist sich ein Auftraggeber über die möglichen und sinnvollen Ausmaße eines CDs im Klaren. So ist es nicht unwahrscheinlich, dass auch in größeren Unternehmen eine Aufklärung Tür und Tor öffnen kann.

Erst wenn der Auftraggeber die Notwendigkeit und den Nutzen eines CDs bewusst versteht, wird er bereit sein, die gesamte CD-Entwicklung nicht als abgeschlossenes Projekt zu betrachten, sondern sie als einen Prozess und Bestandteil der Unternehmensentwicklung in seine betriebliche Struktur zu integrieren.

Egal ob die Zusammenarbeit über eine Kaltakquisition, einen Neuauftrag oder einen Anschlussauftrag zustande kommt: Nehmen Sie sich zu Beginn Zeit für die Sensibilisierung. Sie sparen sich im weiteren Verlauf Reibereien, die Nerven, Zeit und Geld kosten.

Im Folgenden werden die oben erwähnten Möglichkeiten für das Zustandekommen eines CD-Auftrages skizziert. Dabei wird der jeweils richtige Zeitpunkt für eine Sensibilisierung erläutert.

3.1 Kaltakquisition

Es gibt noch keinen direkten Kontakt zum Kunden. Vielmehr wird durch eine Akquisestrategie ermittelt, welcher Auftraggeber akquiriert werden soll (Branche, Größenordnung). Hierbei dürfen Sie Ihre eigenen Kompetenzen nicht unter-, aber auch nicht überschätzen.

Recherche

Kaltakquisition fängt mit Recherche an. Sie müssen genau wissen, in welchem CI/CD-Zustand sich der Kunde befindet, welche Probleme er diesbezüglich zur Zeit hat und wie diese sichtbar werden. Erst dann haben Sie die Chance und einen konkreten Anlass, zum Beispiel in einem Brief, an die entsprechende CI-, CD- oder Marketingabteilung heranzutreten und deren Aufmerksamkeit zu erhalten.

Eine der größten Schwierigkeiten liegt in der Recherche des richtigen Ansprechpartners. Jedes Unternehmen ist anders strukturiert und die Aufgaben sind unterschiedlich verteilt. So gibt es kleinere Unternehmen ohne entsprechende Abteilungen und größere mit verschiedenen Abteilungen. Der richtige Ansprechpartner kann und sollte direkt die Geschäftsleitung, ein Abteilungsleiter oder ein Sachbearbeiter sein. Zuerst ist es wichtig, dass Sie die entsprechende Firmenstruktur recherchieren. Dazu bieten Eigendarstellungen oder Geschäftsberichte meist Organigramme, die über den Aufbau des entsprechenden Unternehmens informieren. Nehmen Sie also die Bitte um Eigendarstellung und Geschäftsbericht als Hauptanlass bei der ersten Kontaktaufnahme mit dem möglichen Auftraggeber. Außerdem sollten Sie diese Gelegenheit nutzen, für die zweite Kontaktaufnahme Informationen über den richtigen Ansprechpartner zu bekommen. Fragen Sie nach, wer denn für die »interessante Aufbereitung« der Unterlagen zuständig ist!

Haben Sie nun die richtigen Informationen erhalten, beginnt die zweite Kontaktaufnahme. Schreiben Sie einen Brief mit Bezug zum bestehenden Problem und bieten Sie einen Beratungstermin an. Anschließend stellen Sie kurz Ihr eigenes Unternehmen vor, wobei Ihre Spezialisierung in den Vordergrund gestellt werden sollte. Führen Sie auf jeden Fall Ihre Internetadresse auf. Durch Ihre Darstellung im Internet kann sich der Auftraggeber schnell und unkompliziert über Sie und Ihre Qualitäten informieren. Investieren Sie in Ihren Internetauftritt also die notwendige Sorgfalt und Zeit. Aktualisieren Sie ihn regelmäßig, heben Sie Auszeichnungen und die erfolgreichsten Arbeiten hervor und betonen Sie das Wesentliche. Ein paar Tage nach Absenden des Briefes sollten Sie sich persönlich melden.

der »richtige« Ansprechpartner

erste Kontaktaufnahme

zweite Kontaktaufnahme

Nicht zu früh, sonst hat der Brief sein Ziel durch den Zusteller oder die internen Wege des Unternehmens noch nicht erreicht. Nicht zu spät, sonst sind Sie mit Ihrem Anliegen wieder in Vergessenheit geraten. Ungefähr zwischen dem dritten und dem fünften Tag nach der wahrscheinlichen Ankunft der Sendung sollten Sie »nachfassen«.

»Nachfassen«

Oft ist der Zugang zum Abteilungsleiter großer Unternehmen versperrt. An diesem Punkt sollten Sie viel Geduld und Gelassenheit, aber auch Geschick beweisen. Nicht zuletzt kann auch der nette Umgang mit dem Assistenten des Abteilungsleiters sehr hilfreich sein. Wird dieser vom eigenen Anliegen überzeugt, kann er zum Mitstreiter werden und bekommt eine unterstützende Funktion. Erzwingen Sie nach dem ersten Gespräch keine sofortige Antwort. Setzen Sie den Zeitrahmen der Kaltakquisition großzügig und geduldig. Halten Sie den Kontakt, beobachten Sie die weitere Entwicklung und kündigen Sie schon im ersten Gespräch an, dass Sie über den Verlauf Ihrer Beobachtungen per E-Mail berichten werden. Bieten Sie ein Informationsgespräch an. Damit sollte die Sensibilisierung beginnen. Verdeutlichen Sie dem potenziellen Auftraggeber bei all Ihren Erläuterungen seinen wirtschaftlichen Nutzen. Werden Sie dabei konkret und bieten Sie veranschaulichende Zahlen. Kann ein Auftraggeber Geld einsparen, wird er mit Sicherheit aufmerksam.

Entwicklungen beobachten

wirtschaftlichen Nutzen verdeutlichen

3.2   Anschlussauftrag

Es besteht bereits eine Geschäftsbeziehung zum Kunden. Gegenüber der Kaltakquisition haben Sie hier den Vorteil, dass Sie die Unternehmensstruktur und die entsprechenden

Ansprechpartner bereits kennen. Ähnlich wie bei der Kalt-akquisition ist zunächst eine grobe Recherche erforderlich. Wo steht das Unternehmen in Bezug auf CI und CD? Wo sind die Schwachstellen? Welche Lösungsansätze gibt es?

Recherche

Vereinbaren Sie ein erstes Gespräch zur Sensibilisie-rung der Thematik CD. Präsentieren Sie darüber hinaus die Ergebnisse Ihrer groben Recherche und bieten Sie Lösungs-ansätze an. Ihre Zusammenarbeit begibt sich auf ein höheres Niveau. Passen Sie allerdings bei der Recherche auf, dass Ihre Vorleistungen im Rahmen bleiben. Konzentrieren Sie sich auf die wesentlichen und prägnanten Punkte. Vergessen Sie nicht, dass der Auftraggeber in dieser Phase lediglich sensibilisiert, nicht aber von Lösungen überzeugt werden soll. Verschenken Sie daher keine wirklichen Leistungen.

Leistungen nicht verschenken

Unnötig zu erwähnen, was die Kultur der »kostenlosen Pitch-Präsentationen« der Branche schon angetan hat. Vor Unternehmen, die Agenturen für diese Zwecke ausnutzen und sich kostenlose Leistungen erbringen lassen, sei hier noch einmal gewarnt.

Spätestens jetzt könnte ein Rahmenvertrag Ihre Geschäftsbeziehung festigen. Denn wie Sie wissen, handelt es sich bei der Entwicklung eines CDs um eine langfristige Zusammenarbeit, die Ihrem Auftraggeber günstigere Kon-ditionen beschert.

Neuauftrag

3.3

Der Auftraggeber kommt mit einer Anfrage direkt auf Sie zu und bittet um ein Angebot. Die angenehmste Form, ein Neugeschäft zu beginnen. Es gibt verschiedene Gründe, warum der Auftraggeber Sie anspricht. Entweder hat er von

Ihrem Unternehmen in den Medien (zum Beispiel Fach-
literatur, Presse etc.) gehört oder er ist per Zufall in einem
Branchenverzeichnis auf Sie gestoßen. Möglich ist es auch,
dass Sie von Dritten weiterempfohlen wurden.

In diesen Fällen haben Sie den Vorteil, sich selbst nicht
von Grund auf profilieren zu müssen. Der Auftakt einer
Sensibilisierung sollte Ihnen hier in einem ersten Projekt-
gespräch leicht fallen.

3.4 Kriterien für die Auswahl einer Agentur für Unternehmenskommunikation

»Für einen Auftraggeber ist es oft schwer zu beurteilen, nach welchen
Kriterien er eine Agentur auswählen soll.« Als besondere Hilfe zur Auswahl
einer Agentur in CD-Fragen steuerten Florian Fischer und Peter M. Scholz
diesem Buch ein Formular mit wichtigen Beurteilungskriterien bei.

den Entscheidungs-
prozess
objektivieren

Kommunikationsprojekte, Corporate-Design-Programme
oder Corporate-Identity-Prozesse – eine Agentur für
Unternehmenskommunikation erarbeitet Inhalte, die
entscheidend sind für das Selbstverständnis und den
Auftritt eines Unternehmens. Das erfordert eine effektive
und zugleich vertrauensvolle Zusammenarbeit zwischen
Auftraggeber und Agentur. Für den Auftraggeber bedeutet
darum die Wahl der Agentur bereits eine wichtige Entscheidung im Hinblick auf die späteren Ergebnisse.

Die Gestaltung der Unternehmenskommunikation
stellt nach unserer Auffassung einen nachvollziehbaren,
logischen Prozess dar. Er setzt sich aus einzelnen Schritten
zusammen, die sich anhand festgelegter Bewertungs-
kriterien rational überprüfen lassen. Zu diesen Kriterien
gehören etwa ein durchdachtes Qualitätsmanagement,
eine auf den Auftraggeber abgestimmte Organisations-

struktur, die Fähigkeit, in vernetzten Systemen zu denken, Kooperationsfähigkeit und Belastbarkeit.

In Zusammenarbeit mit verschiedenen Kunden haben wir die Kriterien für die Auswahl einer Agentur für Unternehmenskommunikation in einer Checkliste zusammengestellt. Bei der Agentursuche oder Bewertung einer Präsentation bietet sie dem Auftraggeber ein Raster für die Beurteilung.

Die Liste basiert auf der Grundidee, Beratungs- und Gestaltungsleistungen überprüfbar zu machen. Sie stimmt auf die spätere Zusammenarbeit ein, in deren Verlauf die Unternehmenskommunikation Schritt für Schritt gemeinsam von Auftraggeber und Agentur entwickelt wird.

objektiv
projektorientiert
nachvollziehbar

	Agentur 1	Agentur 2	Agentur 3
▸ Erfahrung / Kompetenz in der Branche des Auftraggebers			
▸ Nachweis vergleichbarer Projekte			
▸ Beratungserfahrung für den Wandel gewachsener Strukturen			
▸ Selbstverpflichtung auf die Priorität von Marketing und Gewinnerzielung			
▸ Kompetenz in allen Design-Disziplinen			
▸ Gewährleistung von Full-Service			
▸ Vernetzung im Markt, um ggf. zusätzliche Kooperationspartner einzubinden			
▸ Bereitschaft und Fähigkeit, mit Partnern des Auftraggebers zu kooperieren			
▸ Fähigkeit, auf allen Organisationsebenen zu kommunizieren			

Bereich 1:
Arbeitsweise
und Struktur

▸ Brauchbarkeit/Verlässlichkeit
im Alltagsgeschäft ....

▸ Ausstattung mit zeitgemäßen
Arbeitsmitteln.. ....

▸ fachöffentlicher Rang/Bekanntheit
und gesellschaftliche Einbindung ....

▸ personelle Kontinuität
in der Projektbetreuung............................. ....

▸ Organisationsgrad,
vertrauenswürdige Firmenstruktur ....

▸ **Summe**... ....

▸ **Durchschnittsnote** ....

Bereich 2:
Art der Präsentation

▸ schlüssig entwickelt................................... ....

▸ nachvollziehbar.. ....

▸ professionell ....

▸ vermittelbar
in der internen Abstimmung...................... ....

▸ Selbstdarstellung der Agentur ....

▸ **Summe**... ....

▸ **Durchschnittsnote** ....

Bereich 3:
Lösung der
Kommunikations-
aufgabe

▸ die gestellte Aufgabe
beantwortet ....

▸ Berücksichtigung/Anwendung
des bestehenden Corporate Designs ....

	Agentur 1	Agentur 2	Agentur 3
▸ Balance zwischen Kreativität und Realität			
▸ ausbaufähig			
▸ anwendbar auf unterschiedliche Medien			
▸ erweiterbar / anwendbar für alle Unternehmenszweige			
▸ nützliche Erweiterungen zu der gestellten Aufgabe			
▸ **Summe**			
▸ **Durchschnittsnote**			

	Agentur 1	Agentur 2	Agentur 3	
▸ Arbeitsweise und Struktur Durchschnittsnote				**Bereich 1**
▸ Art der Präsentation Durchschnittsnote				**Bereich 2**
▸ Lösung der Kommunikationsaufgabe Durchschnittsnote				**Bereich 3**
▸ spontan-emotionaler Gesamteindruck Note				**Bereich 4**
▸ **Gesamtnote**				

1. Auswahl der individuell relevanten Kriterien
2. Benotung mit dem bekannten System der Schulnoten von 1 bis 6
3. Die Noten der einzelnen Bereiche 1 bis 3 jeweils addieren und durch Teilen ihrer Kriterienanzahl einen Durchschnitt errechnen.
4. Daraus ergeben sich insgesamt drei Durchschnittsnoten. Zusammen mit dem spontan-emotionalen Gesamteindruck erlauben sie die rationale Bewertung beziehungsweise den Vergleich mehrerer Agenturen.

Wie wird die Checkliste eingesetzt?

4 CD-Sensibilisierung

Die Sensibilisierung ist eine Art Vorgespräch im Sinne einer Verständnisangleichung. Dabei geht es nicht allein darum, das Verständnis des Auftraggebers an das der Agentur anzugleichen, sondern auch das der Agentur an das des Auftraggebers.

4.1 Verständnisangleichung

Gestalter orientieren sich anders als ihre Auftraggeber. Ein Grundverständnis für CI/CD und visuelles Denken stehen dem eher wirtschaftlich und politisch denkenden Auftraggeber gegenüber. Die Mitarbeiter der Agentur sollten lernen, in wirtschaftlichen Kategorien zu denken und die entsprechenden Firmenstrukturen zu kennen beziehungsweise zu beherrschen. Mit diesem Wissen kann die Agentur sich der Auffassung des Auftraggebers nähern.

Nutzen mit messbaren Faktoren belegen

Je größer der absehbare Nutzen, desto leichter auch die Akzeptanz des Themas. Messbare Faktoren sollten dies belegen. Oft hat die Agentur es mit mehr als einer Person zu tun. Die Projektbeteiligten des Auftraggebers vertreten die folgenden drei Funktionen:

▸ Planer   ▸ Entscheider   ▸ Nutzer

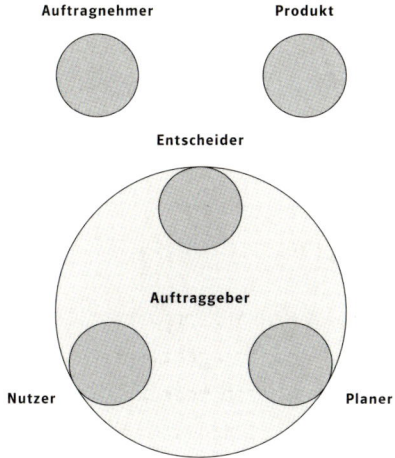

Nicht jede dieser Eigenschaften muss durch eine einzelne Person verkörpert werden. Es können auch alle drei Funktionen einer Person zugeordnet sein, was die Kommunikation erheblich erleichtert. Das Verständnis des Gestalters muss sich auf diese drei fixieren. Er muss seinen Auftraggeber verstehen, ihn integrieren, überzeugen und – was die Entscheidung im Sinne des Endergebnisses anbelangt – auch beeinflussen können.

Auch das Verständnis des Auftraggebers gilt es zu schärfen. Design ist offensichtlich, wenn es um ein konkretes Produkt geht. Bei Corporate Design existiert dieses bewusste Empfinden oft nicht. Die Gesamtheit und deren Auswirkungen werden erst im Erleben bewusst sichtbar. Legen Sie sich logische Erläuterungen für die Veranschaulichung in der Sensibilisierung zurecht. Kann der Auftraggeber objektive und subjektive Betrachtung unterscheiden? Ist ihm der Unterschied zwischen Funktionalität und Ästhetik bewusst? Weiß er, dass hinter jeder gestalterischen

Auswirkungen von CD bewusst machen

Entscheidung eine funktionale Notwendigkeit steht? Sind
ihm der Nutzen und die Funktionalität eines CDs bekannt?
Design ist keine Kunst, kann aber als Kunst im Dienste
der Wirtschaft verstanden werden. Oft gibt es technische
Abhängigkeiten, wobei nie die Impulse vernachlässigt
werden dürfen, die dabei nach außen dringen.

4.2 **Das Verständnis für Notwendigkeiten wecken**

**Ist-Zustand
des Auftraggebers** Der Ist-Zustand des Auftraggebers muss sehr genau untersucht werden. Es ist unerlässlich, dass Lücken und Probleme
im gesamten Auftreten, nach innen wie nach außen, erkannt
werden. Dabei spielt das Betrachten seiner bisherigen Vorgehensweise in den für das innere und äußere Erscheinungsbild notwendigen Arbeitsschritten eine ebenso wichtige
Rolle wie die Wirtschaftlichkeit in der Produktion. Sicher-
lich lassen sich Synergien und Vereinfachungen finden. Der
**konsequenter
Einsatz von CD
spart Geld** konsequente Einsatz von CD kann viel Geld sparen! Hier ein
Beispiel nach dem Motto »Design kostet Geld, Design spart
Geld und Design bringt Geld«:

Ein Auftraggeber leistet sich eine Schriftentwicklung
und kann später diese Schrift zum freien Verkauf freigeben.
Die Investition beginnt sich zusätzlich zu amortisieren.
So haben sich seinerzeit zum Beispiel die Berliner Verkehrs-
betriebe (BVG) entschieden, ihre eigens entwickelte Haus-
schrift »FF Transit« weltweit vermarkten zu lassen. Damit
erreichen sie nicht nur einen materiellen, sondern auch
einen immateriellen Gewinn, denn diese Schriftfamilie
enthält die größte Piktogrammsammlung im Bereich des
öffentlichen Personennahverkehrs (ÖPNV) inklusive aller
Produktsignets, die im Interesse jedes kleinen, mittleren

und großen Verkehrsbetriebes liegen. Darüber hinaus bedeutet die Nutzung der Schrift in der allgemeinen Öffentlichkeit eine Gewinn bringende Werbung für das Unternehmen des Auftraggebers, in diesem Fall die BVG. Weitere Beispiele dieser Art bieten die Schriftentwicklungen für den früheren Volkswagen-Auftritt (V.A.G. Rounded) und Mercedes-Benz (Corporate A·S·E), die mittlerweile ebenfalls frei erhältlich sind.

Möglichkeiten und Methoden 4.3

In welchem Rahmen man eine Sensibilisierung am besten durchführt, hängt vom Auftraggeber ab. Eines ist allerdings immer gleich: das Ziel. Die Agentur sollte die Auftraggeberstruktur und das Ziel immer im Auge behalten. So wird es ihr leichter fallen, den richtigen Rahmen für die Zielausrichtung zu bestimmen.

Welches Ziel gilt es zu erreichen?

In der Unternehmensstruktur des Auftraggebers muss das Thema Corporate Design als dauerhafte Aufgabe – zum Beispiel in Form eines verantwortlichen Mitarbeiters oder einer verantwortlichen Abteilung – integriert werden. Corporate Design ist Chefsache! Dabei ist jeder, der als CD-Verantwortlicher Entscheidungen fällt, als Chef zu betrachten. Erinnern Sie sich: CD ist ein Prozess. Erst mit dem Ende eines Unternehmens endet auch dessen CD-Prozess. Solange ein Unternehmen kommuniziert, besteht durch die bloße Tatsache der Existenz ein – wenn auch vielleicht unbewusster – CD-Prozess. Aus diesem unbewussten CD-Prozess einen bewussten zu machen,

CD als dauerhafte Aufgabe

den CD-Prozess bewusst machen

das ist das erste, aber nicht einzige Ziel! Durch das gezielte Steuern des Erscheinungsbildes gilt es, die Marktposition des Unternehmens zu lenken, zu untermauern und zu stärken.

Rahmenbedingungen für eine Sensibilisierung

Folgende Rahmenbedingungen stehen Ihnen zum Beispiel für eine Sensibilisierung zur Auswahl:

- ‣ Vortrag
- ‣ Workshop
- ‣ Bildung einer Kommission

Der Vortrag

»Corporate Design –
Zweck, Funktion und wirtschaftlicher Nutzen.«

Planer, Entscheider und Nutzer haben stets einen vollen Terminkalender. Deshalb kann es schwierig werden, mit dem Auftraggeber einen Termin für einen Vortrag zu vereinbaren. Damit dies etwas leichter wird, sollte die Agentur einen solchen Vortrag entweder zusammen mit anderen Terminen wie Briefing oder Betriebsbesichtigung oder losgelöst als kostenreduziertes Firmenseminar anbieten. In beiden Fällen ist ein wirtschaftlicher Nutzen erkennbar, der die Terminbereitschaft des Auftraggebers begünstigt.

Terminbereitschaft des Auftraggebers begünstigen

Der Workshop

Der Workshop geht über die reine CD-Information hinaus. In ihm werden konkrete, den Auftraggeber betreffende CD-Entscheidungen und -Definitionen herbeigeführt. Zuerst muss das Bewusstsein der Anwesenden auf die wesentliche Aussage eines CDs fokussiert werden.

Das Semantische Differenzial ist eine Möglichkeit, um die dominanten Eigenschaften des Auftraggebers zu ermitteln. Es dient auch dem Abgleich des bereits erwähnten Selbstbildes (Corporate Personality) mit dem Fremdbild (Corporate Image).

Semantisches Differenzial

Das Selbstbild (Corporate Personality)

Ziel ist es, die unternehmensinterne Einschätzung des Ist- und des Soll-Zustandes zu ermitteln und herauszuarbeiten. Die Ergebnisse können intern ausgewertet oder mit den Resultaten einer Fremdbildermittlung verglichen werden. Die deutlichsten Abweichungen weisen schließlich auf die wesentlichen Kommunikationsfehler hin. Im Folgenden finden Sie unsere Empfehlung für eine Vorgehensweise bei der Selbstbildermittlung:

Ist- und Soll-Zustand ermitteln

Workshop I

1. Das Polaritätenprofil oder auch Semantisches Differenzial: Gleich zu Beginn, in den ersten fünf Minuten, bekommen die Teilnehmer der Kommission, die aus den Führungskräften des Unternehmens bestehen müssen, einen Bogen mit den folgenden Gegensatzpaaren des Semantischen Differenzials. Diese sollen zügig und assoziativ in Bezug auf die eigene Sichtweise des Unternehmens seit Betriebsangehörigkeit angekreuzt werden (Ist-Zustand bezogen auf das Selbstbild). Das Semantische Differenzial ist ein von CHARLES E. OSGOOD in der Einstellungsforschung entwickeltes und von PETER HOFSTÄTTER in Form des Polaritätenprofils leicht variiertes Verfahren der quantitativen Analyse der subjektiven Bedeutung von Begriffen oder Vorstellungen, bei dem die gelenkte Assoziation und das Rating kombiniert sind.

Polaritätenprofil

Dabei haben sich nach CHARLES E. OSGOOD drei Kategorien herauskristallisiert:

drei Kategorien zur
Selbstbildermittlung

Bewertende	Aktive	Dominante
gut	aktiv	stark
schlecht	passiv	schwach
schön	gespannt	hart
hässlich	gelöst	weich
angenehm	schnell	kontrollierbar
unangenehm	langsam	unkontrollierbar
traurig	aufregend	
froh	beruhigend	
	bewegt	
	ruhig	
	hell	
	dunkel	
	komplex	
	einfach	

Zur Einschätzung werden interne und externe Personen befragt, wobei die Beantwortung spontan und assoziiert sein muss.

Semantisches Differenzial

									Beispiel siebenstufiger Merkmals- kontinua
traditionell	3	2	1	o	1	2	3	modern	
realistisch	3	2	1	o	1	2	3	visionär	
uniform	3	2	1	o	1	2	3	vielfältig	
sparsam	3	2	1	o	1	2	3	luxuriös	
sauber	3	2	1	o	1	2	3	unsauber	
anmutig	3	2	1	o	1	2	3	behäbig	
bunt	3	2	1	o	1	2	3	einfarbig	
vielseitig	3	2	1	o	1	2	3	einseitig	
dauerhaft	3	2	1	o	1	2	3	kurzlebig	
eigenständig	3	2	1	o	1	2	3	abhängig	
qualitativ	3	2	1	o	1	2	3	quantitativ	
statisch	3	2	1	o	1	2	3	dynamisch	
engagiert	3	2	1	o	1	2	3	distanziert	
marktorientiert	3	2	1	o	1	2	3	sozial	
hilfsbereit	3	2	1	o	1	2	3	abweisend	
flexibel	3	2	1	o	1	2	3	schwerfällig	
rational	3	2	1	o	1	2	3	emotional	
sicher	3	2	1	o	1	2	3	unsicher	
übergreifend	3	2	1	o	1	2	3	beschränkt	
hierarchisch	3	2	1	o	1	2	3	demokratisch	
extrovertiert	3	2	1	o	1	2	3	introvertiert	
seriös	3	2	1	o	1	2	3	locker	
offensiv	3	2	1	o	1	2	3	defensiv	
zuverlässig	3	2	1	o	1	2	3	unzuverlässig	
nüchtern	3	2	1	o	1	2	3	überschwänglich	
innovativ	3	2	1	o	1	2	3	bewahrend	
preiswert	3	2	1	o	1	2	3	exklusiv	
populär	3	2	1	o	1	2	3	unpopulär	
bekannt	3	2	1	o	1	2	3	unbekannt	
kunden- orientiert	3	2	1	o	1	2	3	unternehmens - orientiert	

2. Nach dem unkommentierten Einsammeln der Bögen dürfen sich die Teilnehmer zurücklehnen und einen Vortrag mit dem Titel: »Corporate Identity und Corporate Design – Zweck, Funktion und wirtschaftlicher Nutzen« anhören. Hier geht es um die allgemeine Sensibilisierung seitens der Kommissionsteilnehmer zum Thema Corporate Identity.

3. Anschließend definiert jeder bis zu fünf Stärken und fünf Schwächen des Unternehmens aus seiner individuellen Sichtweise auf separate Kärtchen. Es sollten nicht mehr als jeweils fünf sein, damit die Konzentration auf das Wesentliche gewährleistet bleibt.

4. Nachdem diese Kärtchen an eine Wand oder Tafel gehängt wurden, bekommt jeder insgesamt sechs individuell gekennzeichnete Aufkleber, mit denen er in einer offenen Wahl seine jeweils drei favorisierten Stärken und Schwächen benennt. Die Wahl wird absichtlich offen durchgeführt, damit Diskussionen möglich sind. Sinn und Zweck ist es, das Bewusstsein aller Beteiligten offen zu legen. Es dürfen auch drei Stimmen für eine Stärke verwendet werden.

5. Die Teilnehmer dürfen sich nun wieder zurücklehnen. Das mindestens drei Wochen zuvor ermittelte Fremdbild wird ihnen nun vorgetragen, aber noch nicht in schriftlicher Form dokumentiert. Dadurch soll in der Zeit bis zum folgenden Workshop eine einseitige Beeinflussung des Meinungsbildes vermieden werden.

6. In den letzten fünf Minuten füllt jeder erneut einen Bogen aus, diesmal allerdings unter dem Aspekt, wie das Unternehmen sein sollte (Soll-Zustand bezogen auf das Selbstbild).

Workshop II

1. Zuerst gilt es, als Rechercheergebnis den Ist-Zustand der CD-Situation zu definieren und Schwachstellen sowie Unstimmigkeiten der Corporate Personality und des Corporate Image festzuhalten.

2. Nachdem die Ergebnisse des ersten Workshops in einem Booklet festgehalten sind, werden sie zusammen mit der Fremdbilddokumentation in einem Folgeworkshop präsentiert, ausgewertet und übergeben.

3. Anschließend gibt es Gelegenheit, über die Ergebnisse zu diskutieren und eine Design-Kommission zu bilden. Schließlich folgt die erste gemeinsame Definition der CD-Anforderungen.

Die Kommission

Mit dem Zustandekommen einer Kommission (Arbeitskreis) haben Sie bereits die Vorstufe der CD-Integration in die Unternehmensstruktur erreicht. Eine Kommission ist eine Kombination aus Vortrag und Workshop. Sie besteht seitens des Auftraggebers aus Planern, Entscheidern und Nutzern. Im Gegensatz zu Vortrag und Workshop treffen sich die Teilnehmer während der CD-Entwicklung regelmäßig. Eine Aufgabe ist es, das Selbst- und das Fremdbild des Auftraggebers zu ermitteln.

Diesem Workshop ging ein Angebot als erste Phase eines Phasenangebotes voraus. Im folgenden Kapitel werden nun die relevanten Bestandteile eines gesamten Phasenangebotes erläutert.

Ist-Zustand der CD-Situation definieren

Fremdbilddokumentation

gemeinsame Definition der CD-Anforderungen

Aufgabe der CD-Kommission

5 Angebotskalkulation / Kostenrechnung

Der bedeutendste Punkt in der Entwicklung ist die Entscheidung des Unternehmens, seinen Eindruck auf die Umwelt ganzheitlich und bewusst steuern zu wollen. Der erste Schritt zu einer bewussten Corporate Identity. Ohne diesen Schritt ist auch die Entwicklung eines passenden und beständigen CDs nur bedingt möglich.

Wie in der Einleitung bereits erläutert wurde, handelt es sich bei Corporate Design nicht um einen Zustand, sondern um einen Entwicklungsprozess, der aus verschiedenen, im Detail unvorhersehbaren Entwicklungsphasen besteht. Die Kosten für ein CD als Gesamtprozess lassen sich also bei Projektbeginn nicht realistisch kalkulieren. Lediglich einzelne Entwicklungsphasen sind kurzfristig planbar.

Die meisten deutschen Unternehmen steuern die Eindrücke, die sie auf ihre Umwelt ausüben, nicht vorsätzlich. Sie glauben, durch ihre Geschäftsausstattung bereits ein Erscheinungsbild im Sinne eines CDs zu besitzen.

Vor der eigentlichen gestalterischen Entwicklungsarbeit eines CDs müssen in einer Sensibilisierungsphase Auftraggeber und Auftragnehmer gemeinsam die spezifischen Unternehmenswerte, -qualitäten und -ziele erarbeiten und Notwendigkeiten für die weitere Arbeit formulieren. Das eigentliche Ausmaß einer CD-Entwicklung muss in einzelnen Phasen erarbeitet werden. Sind die Eckdaten

CD-Entwicklung in Phasen aufteilen

einer Phase ermittelt, ergeben sich die notwendigen Schritte der nächsten. Ein Angebot für eine komplette CD-Entwicklung baut auf mehreren Phasen auf. Wir sprechen deshalb von einem Phasenangebot.

Das Phasenangebot 5.1

Zunächst unterscheiden wir zwischen zwei Bereichen:
▸ die konzeptionelle CD-Entwicklung
▸ die Implementierung

Die konzeptionelle CD-Entwicklung

Sie besteht aus drei wesentlichen CD-Entwicklungsphasen:
▸ 1. Phase – die Untersuchung
▸ 2. Phase – die Entwicklung
▸ 3. Phase – die Ausarbeitung

Erst nach Abschluss und Auswertung einer Phase ergeben sich die notwendigen Eckdaten, um ein Kostenangebot für die nächste Phase unterbreiten zu können.

    Bei speziellen, besonders komplexen Designlösungen **Pflichtenheft-Phase** kann sich an die dritte Phase eine Pflichtenheft-Phase angliedern. Diese befasst sich mit der Definition spezifischer Anwendungen in Form eines Pflichtenheftes und gliedert sich abermals in die gerade beschriebenen drei Phasen: Untersuchung, Entwicklung und Ausarbeitung. Eine solche komplexe Designlösung kann die Entwicklung eines Etiketts sein, das mehreren Anforderungen gerecht werden muss, zum Beispiel für den internationalen Gebrauch von Gefahrengütern.

Die meisten Auftraggeber erwarten auf eine Anfrage zur Erstellung eines CDs ein Angebot mit einer Endsumme.

Phasenangebot
zur besseren Kontrolle
über die Gesamt-
auftragsentwicklung

Das Phasenangebot beschränkt sich allerdings lediglich auf eine Phase. Der Auftraggeber bekommt durch ein Phasenangebot eine bessere Kontrolle über die Gesamtentwicklung, da er aktiv in diesen Phasen mitwirkt und die einzelnen Notwendigkeiten der CD-Entwicklung miterlebt. Es kann also keine versteckten Kosten geben, die am Ende mehr Ausgaben erfordern, als zu Beginn angegeben. Sollte sich in der Phase der Untersuchung herausstellen, dass die »Baustelle« größer ist als geahnt, lässt das Phasenangebot dem Auftraggeber die Freiheit, weitere Maßnahmen zu überdenken. Mittels eines »Nachtragsangebotes« können die notwendigen Kosten frühzeitig erkannt und fixiert werden.

Phase 1 – die Untersuchung

Selbst-/Fremdbild
und den
CD-Ist-Zustand
ermitteln

Nach Freigabe des Angebotes für die erste Phase beginnt die Untersuchung. Besteht keine ausreichende CI-Definition, werden Selbst- und Fremdbild ermittelt sowie der CD-Ist-Zustand des Unternehmens untersucht. Dies vollzieht sich in drei Schritten:

- ▸ Recherche – Faktensammlung
- ▸ Analyse – Betrachtung prinzipieller Möglichkeiten (Kommunikationsanalyse)
- ▸ Auswertung – Beurteilung

Danach präsentiert die Agentur die Ergebnisse der Untersuchung und empfiehlt in einer strategischen Beratung einen Ansatz für die Herangehensweise an die zweite Phase. Der Auftraggeber erhält daraufhin das entsprechende Kostenangebot für die Entwicklungsphase.

Prozessablauf Corporate Design (CD)

Briefing

- Formulierung
  der Aufgaben
- Profilanforderungen
  an CI/CD

- Zielanforderungen
  an CI/CD

Beispiel
für ein Angebot
der 1.Phase

Recherche

- Ist-Zustand
- Wettbewerber
- Markt (Europa)
- Markt (weltweit)
- Zielgruppe

- Analyse
- Strukturen
- Organisation
- Marken
- Visionen

Klärung

- Re-Briefing

Phase 2 – die Entwicklung

Handskizzierte Lösungsansätze werden in einer Broschüre zusammengestellt. Die Betonung liegt hierbei auf »handskizziert«. Zu diesem Zeitpunkt ist es grundlegend, dass gerade dem Auftraggeber deutlich wird, dass es sich um Lösungsansätze, also diskutierbare Möglichkeiten handelt. Wären die Ansätze am Computer gefertigt, entstünde ein zu vollendeter und perfekter Eindruck. Außerdem ermöglicht die Handskizze das Einbeziehen des Auftraggebers. So ist es zum Beispiel ratsam, in einer Kommission – bestehend aus Entscheidern, Planern und Nutzern des Auftraggebers – gemeinsam an den ersten Skizzen zu arbeiten. Die Arbeit am Computer würde dies nicht ermöglichen. Nur dann hat man den Vorteil, die Mitarbeiter am Entwicklungs-

Auftraggeber am
Entwicklungsprozess
teilhaben lassen

prozess teilhaben zu lassen und sie somit zu Mitstreitern zu machen. Aufgrund der in Phase 1 definierten Vorgaben wird schließlich ein Entwurf ausgewählt und als Prototyp umgesetzt.

Beispiel für ein Angebot der 2.Phase

Logo

- Logo / Signet (Wort-/ Bildmarke)
- Logosystem entwerfen
- Logosystem definieren (Hierarchien, Anwendungsbereiche)

Schrift

- technische Anforderungen definieren
- ästhetische Anforderungen definieren
- neue Bildschirmschrift entwickeln
- neue Korrespondenzschrift entwickeln
- Implementierung

Piktogramme
(für Europa und weltweit)

- kulturspezifische Piktogramme
- Piktogramme für Info- und Leitsysteme
- Piktogramme für Screen-Design
- Piktogrammfont erstellen

Farbe
(Corporate Colour)

METHODIK

- Farbklima
- Farbkombination
- Farbproportion

2-D-FARBEN

- 4-C-Farben
- Sonderfarben
- 3-M-Folienfarben
- Duplexe

- HKS-Farben
- RAL-Farben
- NCS-Farben
- RGB-Farben
- Beamer-Farben
- andere

3-D-FARBEN
- für Architektur
- für Messestand
- Farbmanagement

Bildsprache
(für Europa und weltweit)

- Methodik definieren

- Bilddatenbank

- Stil definieren:
  - Fotografie
  - Illustration
  - Farbigkeit

Raster
- für Lateinschrift
- für andere Sprachräume
- typografische Raster

Formate
- DIN-Formate
- für andere Sprachräume

visuelle Klammer
- für lateinischen Raum
- für andere Sprachräume

Ornamente
- geometrische Ornamente
- Tierornamente
- Pflanzenornamente
- Schriftornamente

Phase 3 – die Ausarbeitung
In der letzten Phase gilt es, die Basiselemente (wie Signet, Farbe, Schriften und Piktogramme) genau zu beschreiben. Mit Hilfe von Anforderungsrastern werden Anwendungs-

Basiselemente definieren

möglichkeiten definiert, die anschließend generiert und in einem CD-Manual dokumentiert werden. Die Generierung aller Formate (zum Beispiel eines Logos) dient dazu, den Alltagsanforderungen gerecht zu werden. So werden alle gängigen Formate für sämtliche Materialien einsatzgerecht vorbereitet.

Im Folgenden einige Beispiele für Anforderungsraster:

		EPS	TIFF	GIF	JPEG	PNG	SVG	PICT	BMP
Signet auf Papier	klein	◆	–	◆	◆	◆	◆	–	–
	mittel	◆	◆	◆	◆	◆	◆	◆	◆
	groß	◆	–	–	◆	◆	◆	–	–
Signet auf Holz	klein	–	–	–	–	–	–	–	–
	mittel	◆	–	–	–	–	◆	–	–
	groß	◆	–	–	–	–	◆	–	–
Signet auf Glas	klein	◆	◆	–	–	–	–	–	–
	mittel	◆	◆	–	–	–	◆	–	–
	groß	◆	–	–	–	–	◆	–	–
Signet auf Metall	klein	–	–	–	–	–	–	–	–
	mittel	◆	–	–	–	–	◆	–	–
	groß	◆	–	–	–	–	◆	–	–

EPS: Encapsulated PostScript, TIFF: Tagged-Image File Format, GIF: Graphics Interchange Fomat, JPEG: Joint Photographic Experts Group, PNG: Portable Network Graphics, SVG: Scalable Vector Graphics, PICT: Picture, BMP: Bitmap

Ausarbeitung der Basiselemente

▸ Ausarbeitung, Digitalisierung

▸ Erstellung von Fonts

▸ Erstellung digitaler Formate für alle Bereiche
  (Anforderungsraster)

▸ Festlegung des Umgangs mit allen Materialien

▸ Test und Auswertung

Beispiel
für ein Angebot
der 3. Phase

Implementierung

Nachdem durch das CD-Manual die Basiselemente und
durch ein eventuelles Pflichtenheft spezifische Anwendun-
gen dokumentiert wurden, bestehen sozusagen »Design-
Gesetze«. Jetzt folgt die Implementierung, das heißt die
Anwendung dieser Gesetze auf konkret zu realisierende
Gestaltungsaufgaben.

Anwendung
auf reale
Gestaltungsaufgaben

   Nach der Dokumentation ist es möglich, die Aufgaben der Implementierung an Dritte oder eine seitens des
Auftraggebers eventuell existierende Design-Abteilung
zu übertragen. Dies bietet sich vor allem bei international
agierenden Unternehmen an. Ansonsten ist eine Implementierung durch die Agentur, die das CD entwickelt hat,
zu bevorzugen. Niemand sonst kennt die Entwicklung
besser und hat so viel Motivation für Pflege und Einhaltung
der Gestaltungsvorgaben. Und: Kein Dritter weiß diese
Regeln im Falle von Ausnahmen richtig zu brechen.

   Allerdings sollte jede Agentur, die mit einem Konzept
und der anschließenden Implementierung vertraut ist,
darauf achten, die konzeptionellen Ergebnisse zu dokumentieren, bevor sie mit der Implementierung beginnt. Ansonsten besteht die Gefahr, dass das Tagesgeschäft der Imple-

konzeptionelle
Ergebnisse
dokumentieren

mentierung eine ausreichende Dokumentation verhindert. Spätestens bei einem Personalwechsel werden sich dann Fehler in der Anwendung bemerkbar machen.

5.2 Die Angebotsform

Agenturleistung
Fremdkosten
Materialkosten
Die Angebote zu den jeweiligen Phasen leiten sich von der Agenturleistung, den Fremdkosten und den Materialkosten ab. Die Summe der Fremdkosten (zum Beispiel Honorare für Fotografen, Web-Designer, Setzer oder Drucker) und die Summe der Materialkosten (Andrucke, Präsentationsmaterialien etc.) werden je nach Vereinbarung mit oder ohne Aufschlag berechnet.

Die Agenturleistung wird nach einer auf Erfahrungswerten basierenden Aufwandsabschätzung in Stunden angegeben und mit dem jeweiligen Stundensatz multipliziert. Dabei werden die notwendigen Tätigkeitsfelder und die Anzahl der erforderlichen Mitarbeiter berücksichtigt. Angebote haben zwar keine vorgeschriebene Form, bestimmte Inhalte sollten jedoch in jedem Falle vorhanden sein:

Allgemeine Leistungsbeschreibung

Beispiel Wir danken für Ihre Anfrage und unterbreiten Ihnen gerne unsere Kostenschätzung für die Entwicklung einer Corporate Identity (CI), eines Corporate-Design-Programms (CD) sowie eines Info- und Leitsystems für das Projekt »XY«.

Kostenaufstellung pro Phase, nach Tätigkeitsfeldern

Beratung
- Coaching
- strategische Planung

Konzeption
- Kommunikationskonzepte
- Gestaltungskonzept
- Corporate-Design-Konzepte
- Softwarekonzepte

Projektmanagement
- Projektplanung
- Steuerung dritter Projektbeteiligter
- Projektabwicklung
- Organisation

Design

Druckvorstufe
- Satz
- Digitalisieren
- Reinzeichnung
- Bildbearbeitung

Text
- Redaktion
- Lektorat
- Texterstellung
- Korrektorat

Recherche
- Marktrecherche
- Produktionsrecherche

Projektassistenz
- administrative Arbeit der Projektsteuerung
- Organisation von Terminen

Allgemeine Geschäftsbedingungen (AGB)

Das so genannte »Kleingedruckte«. Hier werden die Bedingungen der allgemeinen Projektabwicklung geregelt. Sie gelten zunächst für jeden Auftrag und definieren alle Punkte, die nicht in der projektbezogenen Vereinbarung geregelt werden. Je nach Einfluss des Auftraggebers kann es hier im Einzelfall zu Anpassungen kommen.

Handhabung der Nutzungsrechte

In ihrer beratenden Rolle muss jede Design-Agentur zu Beginn auf den Umgang und die Berechnung der Nutzungsrechte hinweisen.

Beispiel 15 bis 20 % der Entwicklungskosten bilden die uneingeschränkten Nutzungsrechte für den Gebrauch der entwickelten Basiselemente. Frühere zeitliche, räumliche oder inhaltliche Einschränkungen der Nutzungsrechte sind nicht zuletzt durch das weltweite Medium Internet unpraktikabel geworden.

5.3 Controlling

Kontrollmechanismen implementieren Wie zuvor bereits erwähnt, ist Corporate Design ein sich weiterentwickelnder Prozess. Darum ist es besonders wichtig, während und nach der Entwicklung Kontrollmechanismen zu implementieren. Sie gewährleisten, dass schnell auf Veränderungen reagiert werden kann und das CD des Auftraggebers immer aktuell bleibt. Die optimale Voraussetzung zur Kontrolle ist die Ernennung einer Leitagentur. Der dazugehörige Rahmenvertrag wird im folgenden Kapitel erläutert.

Rahmenvertrag 6

Als grundlegendes wirtschaftliches Ziel sollte eine Design-Agentur immer eine dauerhafte Kundenbeziehung anstreben. Nur dann ist sie in der Lage, langfristig zu planen. Die Grundlage für eine gesicherte Zusammenarbeit ist ein Rahmenvertrag. Er ist zum einen die höchste Vertragsform zwischen einer Design-Agentur und einem Auftraggeber und zum anderen der Beweis für das Interesse beider Partner, die Zusammenarbeit fortzusetzen und zu regeln. Im Rahmenvertrag werden keine spezifischen, detaillierten Projekte beschrieben, sondern die allgemeinen Abläufe der Zusammenarbeit, wie Honorierung, Beauftragung Dritter, Haftung und Vertragsdauer, definiert. Wie bei allen Verträgen sind auch im Rahmenvertrag die Inhalte individuell zu vereinbaren. Das allgemein angestrebte Ziel in einem Rahmenvertrag ist die Ernennung der Design-Agentur zur exklusiven Leitagentur. Diese hat die Aufgabe, konzeptionelle Vorgaben zu entwickeln und die spätere Umsetzung in allen Bereichen zu kontrollieren. Im Gegensatz zu unternehmenseigenen Marketingabteilungen überwacht die Leitagentur nicht nur, sondern sie vergibt auch Aufträge.

allgemeine Abläufe definieren

    Zuerst sollte die Agentur einen Vertragsentwurf, basierend auf den folgenden Stichwörtern, entwerfen und anschließend mit ihrem Rechtsanwalt abstimmen. Unnötig lange Formulierungen schrecken ab. Der Vertrag sollte so klar und verständlich geschrieben sein wie möglich. Danach erhält der Auftraggeber den ersten Entwurf, damit er ihn ebenfalls von seiner Rechtsabteilung prüfen lassen kann.

Im Folgenden finden Sie in Stichpunkten die möglichen Bestandteile eines Rahmenvertrages. Die wichtigsten Begriffe werden anschließend mit kurzen Beispielen erläutert. Wie schon erwähnt, müssen die spezifischen Definitionen individuell erarbeitet werden.

Bestandteile eines Rahmenvertrages in Stichpunkten

A

- Abbruch
- Abrechnung von Pauschalen
- Abstimmung
- Allgemeine Bestimmungen
- Allgemeine Geschäftsbedingungen (AGB)
- Änderungen
- Arbeitsschritte
- Archivierung
- Auftragserteilung
- Aufwendungsersatz

B

- Beauftragung Dritter
- Belegexemplare
- Berichterstattung
- Budgetgerüst

E

- Eigentumsrecht
- Einräumung von Rechten
- Entgelt
- Erfüllung des Vertrages
- Erwerb von Rechten

F

- Freigabe
- Fremdleistungen

G

- Geheimhaltung
- Genehmigungen
- Gerichtsstand und Erfüllungsort
- Geschäftsbeziehungen

H

- Haftung
- Herstellung und Gewährleistung

Honorare und Kapazitäten

Honorierung
der Agenturleistung

I

Inanspruchnahme
von Fremdleistungen

K

Konkurrenzausschluss

Kostenüberschreitung
bei Fremdleistungen

Kuriere

L

Leistungen

Leistungsspektrum

M

Mehrwertsteuer

N

Nutzungsrechte

O

Öffentlichkeitsarbeit

P

Pauschalen

Präsentation

Provisionen

R

Rechnungsstellung

Rechtliche Überprüfung

Reisekosten

S

Schlussbestimmungen

Sorgfaltspflicht

Statusbericht

U

Unterlizenzen

Urheberanspruch

Urheberrechte

V

Vergabe von
Unteraufträgen

Versand

Verschulden Dritter

Versicherung

Vertragsbestandteile

Vertragsdauer

Vertragsgegenstand

Vertraulichkeit

Z

Zahlungsweise

Zusammenarbeit

Zuständigkeit

**Bestandteile
eines Rahmenvertrages
in Stichpunkten**

Die folgenden Punkte möchten wir als die wesentlichen hervorheben und durch kurze Beispiele erläutern:

(AG = Auftraggeber, AN = Auftragnehmer)

1. Vertragsgegenstand

Leitagenturtitel

Der AG überträgt dem AN den exklusiven Leitagenturtitel und die Betreuung des gesamten Corporate-Design-Programms im In- und Ausland.

2. Leistungen als Leitagentur

Leistungsspektrum

Der AN gewährleistet folgendes Leistungsspektrum:

- ‣ Beratung
- ‣ Recherche
- ‣ Konzeptentwicklung
- ‣ Konzeptausarbeitung
- ‣ die gesamte Überwachung
- ‣ sowie die Auswertung aller geleisteten Arbeiten

3. Honorierung

Die zugrunde liegenden Honorare sind in einer Anlage erläutert und werden zu Jahresbeginn zwischen AN und AG erneut verhandelt.

Anlage

Transparenz begünstigt Flexibilität und Vertrauen

Die angedachten Tätigkeiten werden aufgelistet und mit den jeweiligen Aufwänden in Stunden pro Monat versehen. Daneben gilt es, die Kosten gestaffelt in Stunden-, Tages-, Monats- und Jahressatz aufzuführen. Je nach individueller Vereinbarung sind selbstverständlich auch andere Aufschlüsselungen möglich. Denken Sie aber immer daran, dass eine hohe Transparenz auch mehr Flexibilität und Vertrauen bedeutet.

CD-Team	geschätzter Aufwand pro Monat	Stundensatz	
Geschäftsleitung	16 h	DM 375,– / EUR 191,73	Beispiel
Projektleitung	32 h	DM 250,– / EUR 127,82	
Senior-Designer	160 h	DM 250,– / EUR 127,82	
Designer	160 h	DM 185,– / EUR 94,59	
Texter	40 h	DM 185,– / EUR 94,59	
Setzer	80 h	DM 150,– / EUR 76,69	
Assistent	120 h	DM 135,– / EUR 69,02	

4. Fremdleistung

Der AN ist befugt, auf eigene oder auf Rechnung des AGs
Fremdfirmen zu beauftragen. Bis zu einer zuvor vereinbar-
ten Summe (zum Beispiel DM 5.000,– / EUR 2.556,46) dürfen
Aufträge ohne separate Genehmigung des AGs vom AN an
Fremdfirmen vergeben werden. Vor Auftragserteilung holt
der AN drei Angebote ein, es sei denn, der AG schreibt eine
konkrete Fremdfirma vor, da zum Beispiel ausgehandelte
Konditionen bestehen.

5. Haftung

Die Haftung beschränkt sich auf grobe Fahrlässigkeit
und geht davon aus, dass der AN jeden Auftrag nach bestem
Wissen und Gewissen ausführt.

6. Nutzungsrechte

uneingeschränkte
oder eingeschränkte
Übertragung
der Nutzungsrechte

Das zeitlich, räumlich und inhaltlich uneingeschränkte
Nutzungsrecht geht an den AG über, sobald die Gestaltungs-
ergebnisse ausgewählt und die entsprechenden Rechnungen
bezahlt sind. Je nach vereinbartem Honorar muss hier
im Einzelfall abgewogen werden, ob die Nutzungsrechte
uneingeschränkt oder nur eingeschränkt übertragen
werden.

Diese Zusammenstellung kann lediglich einen Überblick über die Inhalte
eines Rahmenvertrages geben, da detaillierte Erläuterungen den Rahmen
dieses Buches sprengen würden.

Rechtsgrundlagen zum Urheberrecht 7

In diesem Kapitel möchten wir Ihnen einige Grundlagen
zum Urheberrecht und zu verwandten Themen näher
bringen. Das Urheberrecht bildet die rechtliche Basis
für eine wirtschaftliche Verwertung der eigenen Design-
Arbeiten in Form von Nutzungsrechten. Die durch das
am 25. Januar 2002 vom Deutschen Bundestag beschlossene
Gesetz zur Stärkung der vertraglichen Stellung von Urhebern und ausübenden Künstlern geschaffenen Ergänzungen dürften hierfür eine nicht unerhebliche Bedeutung
haben. Erläutert werden die gesetzlichen Bestimmungen,
die für den Designer eine besondere Rolle spielen. Der
Rechtsanwalt Marco Schlichting stellte uns freundlicher-
weise die folgenden Informationen zur Verfügung.

Das Urheberrechtsgesetz (UrhG) 7.1

Das Urheberrechtsgesetz schützt die Urheber von Werken
der Literatur, Wissenschaft und Kunst für ihre Werke.
Der Schutz bezieht sich auf die Urheberpersönlichkeitsrechte, die Verwertungsrechte und die sonstigen Rechte
des Urhebers, darunter das Recht auf Zugang zum Werk-
stück und das Recht auf Vergütung bei Vermietung und
Verleihung. Der Schutz endet 70 Jahre nach dem Tod

des Urhebers. Zwar geht das Urheberrecht mit dem Tod des Urhebers einschließlich der Urheberpersönlichkeitsrechte auf die Erben über, rechtsgeschäftlich ist das Urheberrecht als solches jedoch nicht übertragbar. Übertragbar ist hingegen die Verwertung des Werkes durch vertragliche Verleihung von Nutzungsrechten.

persönliche geistige Schöpfung

Geschützt wird das Urheberrecht als »persönliche geistige Schöpfung«, die als die Entstehung von etwas Neuem, Besonderem definiert wird, welches einen ästhetischen Gehalt aufweist. Maßgebend sind hierbei die Merkmale der schöpferischen Eigentümlichkeit, der Individualität nach Form oder Inhalt, wobei der ästhetische Gehalt infolge weiter Auslegung sich nicht allein durch Schönheit, sondern auch durch belehrende, veranschaulichende oder unterhaltende Wirkung auszeichnen kann. Dennoch birgt der künstlerische, ästhetische Aspekt der Schöpfung in gerichtlichen Auseinandersetzungen wegen der hierzu in Rechtsprechung und Literatur vertretenen unterschiedlichen Auffassungen einerseits, andererseits wegen der gebotenen Einzelfallbetrachtung eine große Unsicherheitskomponente.

Nachahmung und Umgestaltung eines Werkes

Problematisch sind ferner die Bereiche der Nachahmung und der Umgestaltungen, insbesondere Bearbeitungen eines bereits vorhandenen Werkes. Während das UrhG die Bearbeitung und Umgestaltung von der Einwilligung des Urhebers abhängig macht, liegt eine nicht zustimmungsbedürftige »freie Benutzung« dann vor, wenn ein Werk nicht bearbeitet wird, sondern nur als Anregung benutzt wird. Eine pauschale Grenzziehung ist in diesem Bereich nicht möglich und muss ebenfalls der Beurteilung des Einzelfalles vorbehalten bleiben. Neben dem Werk in seiner Ganzheit können auch seine Teile oder Vorstufen zum Beispiel dem Urheberschutz unterfallen, sofern sie selbst den Anforderungen einer »persönlichen geistigen Schöpfung« genügen.

Soweit ein Werk die Anforderungen des UrhG an die Gestaltungshöhe nicht erfüllt, ist dieses nicht schutzlos, sondern kann nach den gesetzlichen Bestimmungen des Geschmacksmustergesetzes, des Markengesetzes, des Schriftzeichengesetzes oder auch nach dem allgemeinen Zivilrecht Schutz genießen. Die Diskussion um die Rechtsprechung zur so genannten »kleinen Münze« behandelt die »Untergrenze« des für den Urheberschutz erforderlichen Maßes an Individualität und Eigenständigkeit gerade im Bereich der gebrauchsorientierten geistigen Schöpfungen und die Abgrenzung zum Geschmacksmustergesetz.

Soweit ein Werk auf Bestellung eines Auftraggebers oder im Rahmen eines Arbeitsverhältnisses geschaffen wurde, verliert es dadurch nicht an Individualität, jedoch stehen dem Auftraggeber nach den individuellen Vereinbarungen die Nutzungs- und Verwertungsrechte zu. Mehrere Schöpfer eines Werkes sind als »Miturheber« zu betrachten, die gemeinsam schutzwürdig sind. Eine Verfügung des einzelnen Miturhebers über seinen »Anteil« ist nicht möglich.

Nutzungs- und Verwertungsrechte

Das Urheberrecht umfasst Urheberpersönlichkeitsrechte in Form des Veröffentlichungsrechts, des Rechts auf Anerkennung der Urheberschaft an dem Werk, des Rechts auf Bestimmung der Urheberbezeichnung sowie des Rechts, eine das Werk gefährdende Entstellung oder andere Beeinträchtigung eines Werkes zu verbieten. Bei einer widerrechtlichen Verletzung des Urheberrechts können sowohl dem Urheber als auch dem Inhaber eines ausschließlichen Nutzungsrechts Unterlassungs- und Schadensersatz-

Urheberpersönlichkeitsrechte

Verletzung des Urheberrechts

ansprüche, Ansprüche auf Vernichtung oder Überlassung der Vervielfältigungsstücke, auf Vernichtung oder Überlassung der zur rechtswidrigen Herstellung von Vervielfältigungsstücken benutzten oder bestimmten Vorrichtungen zustehen. Ferner kommt die Einleitung der strafrechtlichen Verfolgung durch Stellung eines Strafantrages in Betracht.

Mit dem beschlossenen Gesetz zur Stärkung der vertraglichen Stellung von Urhebern und ausübenden Künstlern soll die Rechtsstellung von Urhebern und ausübenden **Anspruch** Künstlern durch einen Anspruch auf angemessene Vergü- **auf angemessene** tung gestärkt werden. Nach dem Urhebergesetz hat der **Vergütung** Urheber und auch der ausübende Künstler nunmehr einen Anspruch auf eine vertraglich vereinbarte Vergütung. Ist die Höhe der Vergütung nicht bestimmt, gilt eine angemessene Vergütung als vereinbart. Soweit die vereinbarte Vergütung nicht angemessen ist, kann der Urheber von seinem Vertragspartner die Einwilligung in die Änderung des Vertrages verlangen, durch die dem Urheber die angemessene Vergütung gewährt wird.

Die Bestimmung der Angemessenheit legt das Gesetz in die Hände der Vereinigungen von Urhebern und Vereini- **Vergütungs-** gungen der Werknutzer, die gemeinsame Vergütungsrege- **regelungen** lungen aufstellen sollen, denen die in Tarifverträgen für Arbeitnehmer enthaltenen Regelungen vorgehen. Vorgese- **Schlichtungs-** hen ist ferner ein Schlichtungsverfahren vor einer Schlich- **verfahren** tungssstelle, wenn die Parteien dies vereinbaren oder auf Verlangen einer Partei, wenn der Vertragspartner sich nicht binnen drei Monaten auf Verhandlungen einlässt oder die Verhandlungen sonst ohne Ergebnis geblieben oder gescheitert sind. Die Schlichtungsstelle hat einen Einigungsvorschlag zu unterbreiten, dem eine Partei binnen drei Monaten schriftlich widersprechen kann.

Das Geschmacksmustergesetz (GeschmMG)

Das Geschmacksmustergesetz behandelt den Schutz
des Urhebers gewerblicher Muster oder Modelle in ihrer
Ganzheit und in ihren Teilen. Es wird als das »kleine
Urheberrecht« bezeichnet, da viele Grundsätze des UrhG
trotz der geringeren Anforderungen an die Gestaltungshöhe
auch hier gelten. Ein wesentlicher Unterschied zum UrhG
besteht in der notwendigen Anmeldung und Eintragung
beim Deutschen Patent- und Markenamt, durch die eine
Schutzdauer von fünf bis maximal zwanzig Jahren erreicht
werden kann. Maßgebend für die Eintragungsfähigkeit
als Geschmacksmuster ist nach der Rechtsprechung ein
»deutliches Überragen der Durchschnittsgestaltung«,
wobei auch hier die Grenze im Einzelfall schwierig zu ziehen
ist. Da Geschmacksmuster neben ihrer künstlerischen
Eigenart gerade auch einen gewerblichen Gebrauchszweck
verfolgen, muss sich das Muster von der bloßen Durchschnittsgestaltung beträchtlich abheben. Das GeschmMG
fordert ferner eine objektive Neuigkeit des Musters, das
den einschlägigen Fachkreisen zum Anmeldezeitpunkt noch
nicht bekannt sein darf.

Schutz des Urhebers gewerblicher Muster oder Modelle

Das Markengesetz (MarkenG)

Das Markengesetz ist als Schutzgesetz für Anbieter von
Waren oder Dienstleistungen gedacht, die ihre Produkte
durch besondere Zeichen gegen Verwechselung und zur
Werbung kennzeichnen. Seit seinem In-Kraft-Treten ist es
auch für den Designer, der ein Signet oder eine besondere
Ausstattung entwickelt hat, möglich, eine Marke eintragen

Schutz für Anbieter von Waren und Dienstleistungen

zu lassen und so den ansonsten urheberrechtlich problematischen Schutz insbesondere von Signets zu erreichen.

Das Markengesetz gibt dem Inhaber einer Marke das Recht, seine Waren und Dienstleistungen mit der Marke zu kennzeichnen und sie unter dieser Marke exklusiv im geschäftlichen Verkehr anzubieten und zu vertreiben. Der Inhaber der Marke kann Dritten untersagen, eine identische oder verwechselbare Marke für gleichartige Waren oder Dienstleistungen zu verwenden. Wie das Geschmacksmustergesetz sieht auch das Markengesetz die Anmeldung und die Eintragung der Marke beim Deutschen Patent- und Markenamt vor. Jedoch kann eine Marke unabhängig von der Eintragung in das vom Patentamt geführte Register Schutz auch durch die Benutzung im geschäftlichen Verkehr erlangen, soweit das Zeichen innerhalb beteiligter Verkehrskreise als Marke Verkehrsgeltung erworben hat.

Anmeldung und Eintragung der Marke

Als Marke können alle Zeichen, insbesondere Wörter einschließlich Personennamen, Abbildungen, Buchstaben, Zahlen, Hörzeichen, dreidimensionale Gestaltungen einschließlich der Form einer Ware oder ihrer Verpackung sowie sonstige Aufmachungen einschließlich Farben und Farbzusammenstellungen geschützt werden, die geeignet sind, Waren oder Dienstleistungen eines Unternehmens von denjenigen anderer Unternehmen zu unterscheiden. Während infolge ihrer Kürze der Schutz des UrhG oftmals ausscheidet, sind Werbetexte, wie Werbeverse, Werbeschlagwörter, Slogans und Werbeanzeigen etwa in ihrer grafischen Gestaltung grundsätzlich dem Markenschutz durch Benutzung zugänglich. Maßgebend für die Eignung als Marke sind auch hier die besonderen charakteristischen Merkmale, insbesondere ihre eigentümliche, produktidentifizierende Wirkung.

Das Schriftzeichengesetz

Schriftzeichen können sowohl nach dem Geschmacksmustergesetz als auch nach dem Schriftzeichengesetz vom 6. Juli 1981 (BGBL.I, Seite 2501) geschützt werden. Dieses setzt das für den Schutz von Schriftzeichen geschaffene internationale »Wiener Abkommen über den Schutz typografischer Schriftzeichen und ihre internationale Hinterlegung« vom 12. Juni 1973 (BGBL.II, Seite 382) in Deutschland um. Voraussetzungen und Rechtsfolgen des Schutzes von Schriftzeichen nach dem Schriftzeichengesetz sind denen des Geschmacksmustergesetzes weitgehend angepasst. Wie Geschmacksmuster können Schriftzeichen beim Deutschen Patent- und Markenamt angemeldet und hinterlegt werden. Die Schutzdauer beträgt maximal 25 Jahre. Schutzfähig sind typografische Schriftzeichen, die dazu bestimmt sind, Texte durch grafische Techniken aller Art herzustellen. Hierunter können zum Beispiel Alphabete, einzelne Satzzeichen, Ziffern und Symbole fallen. Da sich der Schutz auf die Herstellung von Texten durch grafische Techniken aller Art beschränkt und damit nicht auf die Verwendung der Schriftzeichen außerhalb des Bereiches der grafischen Techniken erstreckt, kann eine Geschmacksmusteranmeldung angeraten sein, denn sowohl das Schriftzeichenrecht als auch das Geschmacksmusterrecht geben dem Urheber ein Verbietensrecht gegen die Verbreitung von Druckerzeugnissen, die in der geschützten Schrift gedruckt sind.

Schutz von Schriftzeichen

7.5 Allgemeine gesetzliche Bestimmungen

Bürgerliches Gesetzbuch (BGB)

Im Bürgerlichen Gesetzbuch (BGB) sind die allgemeine Gewährleistung und die Haftung geregelt. Da der Vertrag zur Verleihung eines Nutzungsrechts an einem geistigen Werk (Lizenzvertrag) kein im BGB geregelter Vertragstyp ist, stellen derartige Verträge oftmals Werkverträge (bei Herstellung), Kaufverträge oder Mietverträge dar, für die das BGB jeweils eigene gewährleistungsrechtliche Vorschriften enthält. Die Anwendung der unterschiedlichen Gewährleistungsvorschriften kann problematisch werden, wenn sich in dem Vertrag Aspekte verschiedener BGB-Vertragstypen vereinigen oder überlagern. Schranken für die vertraglichen Regelungen beinhalten ferner das Wettbewerbsrecht, welches auf den Schutz vor Diskriminierungen und Benachteiligungen von Mitbewerbern des Marktes gerichtet ist, sowie die seit dem 1. Januar 2002 nun im BGB und zuvor im Gesetz über die Allgemeinen Geschäftsbedingungen (AGB-Gesetz) enthaltenen Bestimmungen zu den rechtlichen Grenzen Allgemeiner Geschäftsbedingungen, welche bei formularmäßig gestalteten, in einer Vielzahl von Fällen verwendeten Verträgen Verbote von überraschenden Klauseln regeln. Die der Rechtsordnung immanenten Grundsätze von Treu und Glauben sowie die guten Sitten beinhalten neben speziellen Verbotsgesetzen für alle Verträge allgemeine Gestaltungsschranken.

Beispiele aus der Praxis 8

Zum besseren Verständnis möchten wir etwas zur Beispiel-
recherche sagen. Zuerst entwickelten wir einen Fragebogen.
Er sollte dabei helfen, die Ergebnisse der Befragung ver-
gleichbar zu machen und den Agenturen einen roten Faden
in der Dokumentation der Corporate-Design-Projekte
bieten. Durch unterschiedliche Aufgabenstellungen und
Konstellationen hatte jeder Auftrag seine Eigenarten:
Kein Projekt ist wie das andere. Auch bei der Auswahl der
Agenturen haben wir auf Vielfalt geachtet. Nach der Entwicklung des Fragebogens nahmen wir meist telefonisch
den ersten persönlichen Kontakt mit den Agenturen auf. Fast
alle von uns angesprochenen Agenturen waren grundsätzlich zur Mitarbeit bereit. Der Querschnitt reicht von
Büros mit drei Mitarbeitern bis zu weltweit agierenden
Unternehmen mit lokal 60 Mitarbeitern, Jahresumsätzen
von 1 bis 13,2 Millionen DM beziehungsweise 510.000 bis
6,75 Millionen EUR. Dieses breite Spektrum bietet eine
gute Möglichkeit, um sich zu orientieren und selbst ein-
zuschätzen. Egal, ob als Auftragnehmer oder Auftraggeber.

Da die Beispiele aus den Jahren 2000 bzw. 2001 stammen, sind alle Preise sowohl in DM als auch in EUR angegeben.

Die Umrechnungen von DM in EUR basieren auf dem festen Kurs
von 1,95583 (Stand: August 2001).

8.1 moniteurs GbR

Berlin

Auftraggeber
a:k:t Informationssysteme AG

Aufgabe
Entwicklung eines Corporate Designs

Gründung
1994

Mitarbeiter
15

Umsatz 2001
keine Angaben

www.moniteurs.de

MONITEURS, gegründet 1994 von den Grafik-Desig- Profil
nerinnen Heike Nehl, Sibylle Schlaich und der Fotografin
und Digitalbildgestalterin Heidi Specker, bearbeitet in
Berlin mit 15 Mitarbeitern komplexe Design-Projekte für
Unternehmen und Kultureinrichtungen. Je nach Kom-
munikationsauftrag und Zielsetzung realisiert die Agentur
visuelle Konzepte mittels analoger und digitaler Medien
im Print- und Web-Bereich. Der Schwerpunkt liegt hierbei
auf den Bereichen Corporate Design, Buch- und Katalog-
Konzeption sowie Interaktions-Design. Mit ihren Arbeiten
konnte MONITEURS mehrere Preise gewinnen:

Auszeichnungen

- Deutscher Preis für Kommunikationsdesign (1995):
  Öffentlicher Raum / Elektronisches Informationssystem
- Deutscher Preis für Kommunikationsdesign (1996):
  Multimedia / Website
- Designpreis des Landes Rheinland-Pfalz (1998):
  F2F 5 – Der typografische Spielfilm
- 8. Formular-Wettbewerb des Bundesverbandes
  Druck e.V. (1999): für die Geschäftsausstattung der
  Ausstellung »surrogate« im ZKM, Karlsruhe

Die Aufgabe

Der Auftraggeber a:k:t wünschte die Entwicklung und Anforderungen
Dokumentation eines Corporate Designs in Form von Templates, da er Aktualisierungen aus Zeit- und Flexibilitäts-
gründen in Eigenregie durchführen wollte. Wichtig war
ihm dabei, dass die Gestaltung der analogen und digitalen
Medien keine Brüche aufweist und dass die Ergebnisse
anhand medienkompatibler Beispiele präsentiert werden
können.

Die Umsetzung

Agentur und Auftraggeber definierten im gemeinsamen
Briefing die Ziele:

- **Gestaltung des Namenszuges**
- Wort-Bild-Zeichen
- Signet, Logo, Abkürzung
- Farben

- **weitere Vorgaben**
- Strukturen
- Schrifttypen, Typografie
- Zeichen, Symbole, Bilder, Fotografie
- Farbe

- **Materialien, Formen**

In der Konzeptionsphase begann die Problemanalyse mit
allgemeinen Fragestellungen. Diese dienten als Grundlage
für die folgende Recherchearbeit. Anschließend wurden
die Ergebnisse analysiert und zu einer Basis grob formuliert.
Nach der Definition der optimalen Medien wurden aus
den groben Formulierungen konkrete Antworten und rea-
lisierbare Ideen. Dies war die Voraussetzung, um mit der
Gestaltung beginnen zu können. Leitbilder wurden für
die visuellen Vorgaben bestimmt, Techniken und Medien
wurden ausgetestet. Vor der Präsentation konnte nun
optimiert werden. Jetzt ließen sich auch die Kosten kalkulieren. Die finale Abstimmung der Ergebnisse fand schließlich in engem Dialog mit dem Auftraggeber statt.

Auftragsverlauf

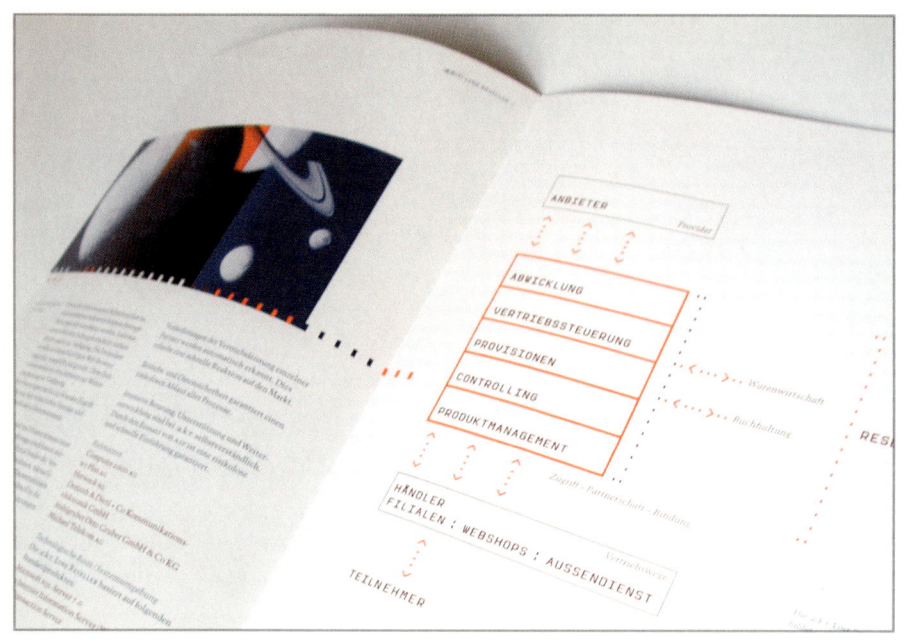

Die Vergütung

▸ **Konzeption**
ca. 4 Tage
à DM 150,– / EUR 76,69 pro Std. ... DM 5.000,– / EUR 2.556,46

▸ **Gestaltung**
ca. 6 Tage
à DM 120,– / EUR 61,36 pro Std. ... DM 7.000,– / EUR 3.579,04

▸ **Fremdkosten**
Präsentationsbooklet
(Dummies).................................. DM   700,– / EUR   357,90

1 x Bote .... DM   16,– / EUR   8,18

▸ **Gesamtsumme** .... DM 12.716,– / EUR 6.501,59

wir design GmbH

8.2

Braunschweig

Auftraggeber

Wolfsburg AG

Aufgabe

Konzeption, Entwicklung und Präsentation
eines Corporate-Design-Programms

Gründung

1983

Mitarbeiter

60

Umsatz 2001

ca. DM 10,3 Millionen / ca. EUR 5,27 Millionen

www.wir-design.de

Profil   WIR DESIGN entwickelt, realisiert und betreut Corporate-
Design-, Branding- und Kommunikationsprojekte für
national und international tätige Unternehmen. Gegründet
1983, gehört WIR DESIGN mit heute 60 Mitarbeiterinnen
und Mitarbeitern an den Standorten Berlin, Braunschweig
und München zu den größten CI-/CD-Agenturen in
Deutschland. Das Dienstleistungsspektrum der Agentur
ist breit gefächert und deckt folgende Bereiche ab:
Beratung, Konzeption, Kreation, Produktion, New Media.
Der Schwerpunkt liegt auf den Branchen Finanz- und
Energiedienstleistung. Als besondere Stärken werden die
Verbindung von Strategie, Design und Kommunikation
sowie das konstruktive Verhältnis zum Kunden betont.

Folgende Referenzen werden von der Agentur als besondere Referenzen
Meilensteine angegeben:
- das Corporate Design für die Stadt Wolfsburg
- Wolfsburg AG
- PreussenElektra
- der Gewinn des Wettbewerbs
  für das E.ON-Corporate Design/Broschürenkonzept
- der neue Jahresbericht 2000
  für das Internationale Design Zentrum Berlin
- die Zusammenarbeit mit der Volkswagen AG
  seit 1991 und der Volkswagen Financial Services AG
  (Bank und Leasing) seit 1997

Die Aufgabe

Durch die Entwicklung des Corporate-Design-Programms Anforderungen
sollte die neu gegründete WOLFSBURG AG in die Lage
versetzt werden, die vielfältigen Kommunikationsaufgaben
ihrer derzeit vier Business Units so zu gestalten, dass sie
einen synergetischen Beitrag zur Etablierung und Weiterentwicklung der Dachmarke WOLFSBURG AG leisten.
Gleichzeitig sind bei der Entwicklung des CDs die Leitbilder
der beiden Anteilseigner der WOLFSBURG AG, VOLKSWAGEN
und STADT WOLFSBURG, zu berücksichtigen und so zu
überhöhen, dass die WOLFSBURG AG auf der Basis ihrer
Wurzeln ein eigenständiges und unvergleichliches Profil
erlangt. Das CD der WOLFSBURG AG sollte Modernität,
Internationalität, Kompetenz und Vertrauenswürdigkeit
ausstrahlen. Es sollte einfach und praktikabel in seiner
Anwendung und verständlich beziehungsweise nachvollziehbar in seiner Anmutung sein.

Die Umsetzung

Wettbewerb Die Auftragsvergabe wurde zuvor in einem zweistufigen
Wettbewerb entschieden. In der ersten Stufe ging es um
die Präsentation der strategischen Grundüberlegung des
CD-Konzeptes mit Präsentation eines Firmenzeichens,
Claims und einer Visualisierung des CD-Konzeptes auf
der Basis der Geschäftspapier-Grundausstattung. In der
zweiten Stufe wurde die Visualisierung des Gestaltungs-
rasters in kommunikationsbezogenen Anwendungsbereichen präsentiert. Nach dem erfolgreichen Wettbewerb

wurde WIR DESIGN mit der Umsetzung des CD-Konzeptes beauftragt.

Die WOLFSBURG AG entwickelte sich rasch zu einem Unternehmen von seinerzeit unter 20 zu heute über 100 Mitarbeiterinnen und Mitarbeitern. Damit ging ein ständiger Wandel hinsichtlich der Anforderungen an den Umfang und die Inhalte des CD-Programms einher. Die permanente Weiterentwicklung wesentlicher CD-Bestandteile waren parallel zur Implementierung der Basisausstattung notwendig. So wurde zum Beispiel das Basiskonzept für das Orientierungs- und Leitsystem für insgesamt drei unterschiedliche Anforderungsprofile und Lokalitäten umgesetzt.

Anstatt des im Kunden-Briefing erwähnten Gestaltungshandbuches wurden nach Rücksprache mit der WOLFSBURG AG die CD-Richtlinien und Templates für ausgewählte Anwendungen als PDF-Dokument auf CD-ROM gebrannt.

Dokumentation

An der Umsetzung waren seitens WIR DESIGN die Geschäftsleitung, Projektmanagement, Senior-Designer, Designer, Produktioner und Mediengestalter beteiligt. Für das Web-Basiskonzept kooperierte die Agentur mit Web-Designern und holte sich bei der Beratungsgesellschaft ERNST TEN HÖVEL Unterstützung.

Die Vergütung

Finanzen

▸ **CD-Präsentation 1.Stufe**
▸ Konzeption und Beratung
   28 Stunden
   à DM 200,– / EUR 102,26 .... DM 5.600,– / EUR 2.863,23

▸ Entwurfsleistungen
110 Stunden
à DM 200,– / EUR 102,26 .... DM 22.000,– / EUR 11.248,41
▸ Projektmanagement
30 Stunden
à DM 150,– / EUR 76,69 .... DM 4.500,– / EUR 2.300,81

▸ **CD-Präsentation 2.Stufe**
▸ Konzeption und Beratung
20 Stunden
à DM 200,– / EUR 102,26 .... DM 4.000,– / EUR 2.045,17
▸ Entwurfsleistungen
160 Stunden
à DM 200,– / EUR 102,26 .... DM 32.000,– / EUR 16.361,34
▸ Text / Redaktion / Lektorat
24 Stunden
à DM 200,– / EUR 102,26 .... DM 4.800,– / EUR 2.454,20
▸ Reinzeichnung und
Vorlagenherstellung
80 Stunden
à DM 150,– / EUR 76,69 .... DM 12.000,– / EUR 6.135,50
▸ Programmierung
24 Stunden
à DM 200,– / EUR 102,26 .... DM 4.800,– / EUR 2.454,20
▸ Projektmanagement
50 Stunden
à DM 150,– / EUR 76,69 .... DM 7.500,– / EUR 3.834,69
▸ Materialkosten
Präsentationsmaterial .... DM 50,– / EUR 281,21
Abstimmungsmaterial .... DM 950,– / EUR 485,73

▸ **Gesamtsumme** .... DM 98.700,– / EUR 50.464,51

Büro Roman Lorenz   8.3

Gestaltung visueller Kommunikation, München
Member of design alliance

Auftraggeber
Allgäuer Volksbank, Kempten

Aufgabe
Entwicklung eines CD-Konzeptes

Gründung
1990

Mitarbeiter
3

Umsatz 2001
DM 960 Tausend / EUR 490.848

Das BÜRO ROMAN LORENZ hat sich mit der Entwicklung
und Umsetzung von Erscheinungsbildern für Unternehmen, Verbände und kulturelle Einrichtungen auf
Corporate-Design-Konzepte spezialisiert. Um den Wir-
kungsgrad der Agentur zu erweitern, ging das BÜRO ROMAN
LORENZ eine strategische Allianz mit weiteren CD-Spezia-
listen unter dem Namen »Design Alliance« ein. Außerdem
besteht ein Lehrauftrag für Gestaltungssysteme an der
HfG Schwäbisch Gmünd.

Die Aufgabe

Der Schwerpunkt der Arbeit lag auf einer informierenden
Selbstdarstellung. Für die ALLGÄUER VOLKSBANK in
Kempten sollte ein CD-Konzept entwickelt werden, das
einerseits ein neues Selbstverständnis der Genossenschafts-
bank als der ideale Finanzpartner für den persönlichen
und regionalen Bereich und andererseits den Verbund mit
den Genossenschaftsbanken deutlich macht.

Die Umsetzung

Der Auftraggeber trat mit seinem Corporate-Design-Auftrag
erstmals an die Agentur heran. Die folgende Umsetzung,
an der seitens des Auftraggebers mehrere Bereiche wie
Geschäftsführung/Vorstand, Öffentlichkeitsarbeit, Marketing und Vertrieb teilnahmen, verlief über circa ein Jahr.
Die Ergebnisse wurden sowohl in einer Print-Broschüre
als auch auf einer CD-ROM dokumentiert. Anschließend
wurde ein Servicevertrag abgeschlossen. Abgerechnet wird
stundenweise oder über Einzelangebote.

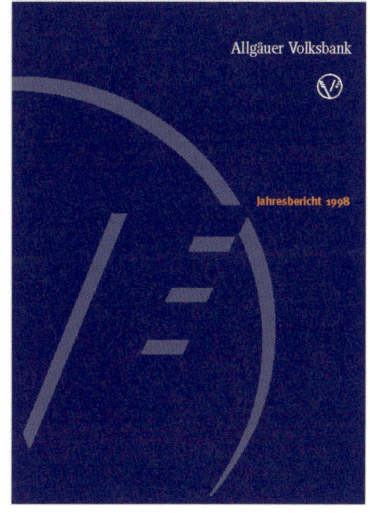

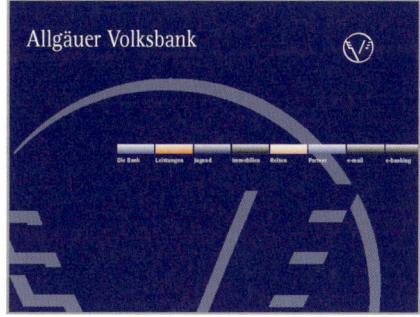

Die Vergütung

▸ **Konzeption des visuellen Erscheinungsbildes**
120 Stunden
à DM 250,– / EUR 127,82 .... DM 30.000,– / EUR 15.338,76

▸ **Projekte**
▸ Mitarbeiterschulung
▸ Organisationspapiere
▸ Jahresbericht
▸ Info-Flyer
▸ Umzug einer Filiale
▸ Plakate, Flyer, Anzeigen
▸ Beschilderung, Organisation
▸ Ausstattung Selfbanking-Filiale
▸ Schaufenster-Displays

- ‣ Prospektständer, Wegweiser
- ‣ Kunstausstellung
- ‣ Gebäudekennzeichnung
- ‣ Internet

- ‣ **pauschal**
  480 Stunden
  à DM 250,– / EUR 127,82 .... DM 120.000,– / EUR 61.355,03
  300 Stunden
  à DM 175,– / EUR 89,48 .... DM 52.500,– / EUR 26.842,82
  250 Stunden
  à DM 150,– / EUR 76,69 .... DM 37.500,– / EUR 19.173,45

- ‣ **Gesamtsumme** .... DM 240.000,– / EUR 122.710,05

GROSSE Designer und Partner   8.4
Darmstadt

Auftraggeber
Imperial Holding AG in Darmstadt, Genthin

Aufgabe
Entwicklung einer Corporate Identity

Gründung
1990

Mitarbeiter
6

Umsatz 2001
keine Angaben

GROSSE DESIGNER UND PARTNER ist Designbüro
und -Agentur für Unternehmenskommunikation zugleich.
In der Arbeit wird die Recherche und Analyse für das Entwickeln angemessener und argumentativer Lösungen besonders betont. Folgende Referenzen wurden von GROSSE als
besondere Meilensteine angegeben:

‣ Wanderausstellung des Design Zentrums Hessen:
»Besser sein mit Design« (1992/1993)
‣ CD für Schenk AG (1995–1997)
‣ Professur für Kommunikationsdesign
an der FH Münster/NRW (seit 1994)

Design-Preise
‣ Ecodesign Europe (1994/1995)
‣ European Regional Design annual Award (1995)
‣ NeuroFuzzyRoute in der Euregio,
registriertes EXPO-2000-Projekt (1999/2000)

Die Aufgabe

Beim Zusammenschluss dreier AGs und diverser Einzel-
gesellschaften ging es neben der Entwicklung eines
CD-Konzeptes um die Beratung und Betreuung im gesamten
Entwicklungsprozess der neu gegründeten IMPERIAL
HOLDING AG, die sich mit landwirtschaftlicher Produktion
und Handel befasst. Diese spezielle Ausgangssituation
erforderte die Entwicklung einer Dachmarkenstrategie,
einer Handelsmarke und einer Direktvermarktungs-
strategie. In der Gestaltung sollten Klarheit und Übersichtlichkeit zu Gunsten einer deutlichen Darstellung der

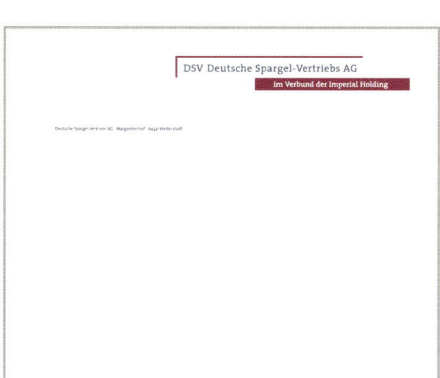

Firmenstruktur beachtet werden. Die Holding sollte als übergeordnet und die einzelnen Unternehmen als angegliedert und selbstständig agierend dargestellt werden.

Die Umsetzung

Auftragsverlauf Die gesamte Laufzeit der Realisierung betrug circa ein halbes Jahr und wurde seitens des Auftraggebers unterbrochen, da rechtliche und organisatorische Fragen geklärt werden mussten. Im Vordergrund der Arbeit standen die Selbstdarstellung des neu gegründeten Unternehmens und die Kommunikation der Unternehmensleistungen sowie eine zielgruppengerechte Ansprache der verschiedenen Kundengruppen. Das Ergebnis in Form eines Design-Dokumentation Manuals wurde sowohl gedruckt als auch auf einer CD-ROM dokumentiert.

Zeitrahmen Für die einzelnen Arbeitsphasen ergaben sich folgende Zeitrahmen:
- ▸ Briefing / Re-Briefing und Problemerkennung .... 3 Wochen
- ▸ Recherche, Analyse Ist-Zustand, Zieldefinition .... 4 Wochen
- ▸ Konzeption .... 4 Wochen
- ▸ Auswahl und Korrektur .... 4 Wochen
- ▸ Dokumentation .... 3 Wochen
- ▸ Umsetzung des CDs auf verschiedene Medien .... 4 Wochen

Die Vergütung

▸ Konzeption und Beratung
nach Tagessatz .... DM 15.000,– / EUR 7.669,38
▸ Analyse, Recherche Zieldefinition
nach Tagessatz .... DM 10.000,– / EUR 5.112,92
▸ Entwurf und Layout
nach Tagessatz .... DM 13.200,– / EUR 6.749,05
▸ Ausführung in einzelne Medien
nach Tagessatz .... DM 6.200,– / EUR 3.170,01
▸ Erstellung des CD-Manuals
nach Tagessatz .... DM 11.000,– / EUR 5.624,21
▸ Konzeption Messestand
nach Tagessatz .... DM 4.500,– / EUR 2.300,81
▸ Projektmanagement
nach Tagessatz .... DM 4.800,– / EUR 2.454,20
▸ Texte
nach Aufwand .... DM 3.700,– / EUR 1.891,78
▸ Materialkosten
pauschal .... DM   720,– / EUR   368,13
▸ Herstellung Messestand
nach Angebot .... DM 11.200,– / EUR 5.726,47
▸ Scans / Lithografie
nach Angebot .... DM 1.500,– / EUR   766,94
▸ Nutzungsrechte Bildagenturen
nach Angebot .... DM   855,– / EUR   437,15
▸ Druck Manual (digital)
nach Angebot .... DM   720,– / EUR   368,13

▸ **Gesamtsumme** .... DM 83.395,– / EUR 42.639,19

8.5 **Lothar Böhm GmbH**

Hamburg

Auftraggeber

Ammeraal Beltech

Aufgabe

Entwicklung eines Brandings
in Verbindung mit
der Konzeption und Umsetzung
eines Corporate Designs

Gründung

1972

Mitarbeiter

40

Umsatz 2001

DM 11,12 Millionen / EUR 5,7 Millionen

www.boehm-design.com

Hinter LOTHAR BÖHM stehen mit dem Geschäftsführer
Lothar Böhm und den zwei Geschäftsführerinnen Martina
Kunert und Christine Lischka 40 Mitarbeiter in Hamburg
und 12 Mitarbeiter in der 2000 gegründeten Tochteragentur
in Warschau. Die Sparte Corporate Design wird innerhalb
der Agentur zu einem gleichwertigen Geschäftsfeld neben
Brand- und Packaging-Design ausgebaut. Die Agentur
spezialisiert sich auf Markenartikelunternehmen folgender
Branchen: Nahrungs- und Genussmittel, Kosmetik und
Körperpflege sowie pharmazeutische Industrie. Lothar
Böhm plant den Aufbau eines eigenen Design-Networks
und den Ausbau seiner Geschäftsfelder national und international mit Schwerpunkt auf Europa.

Profil

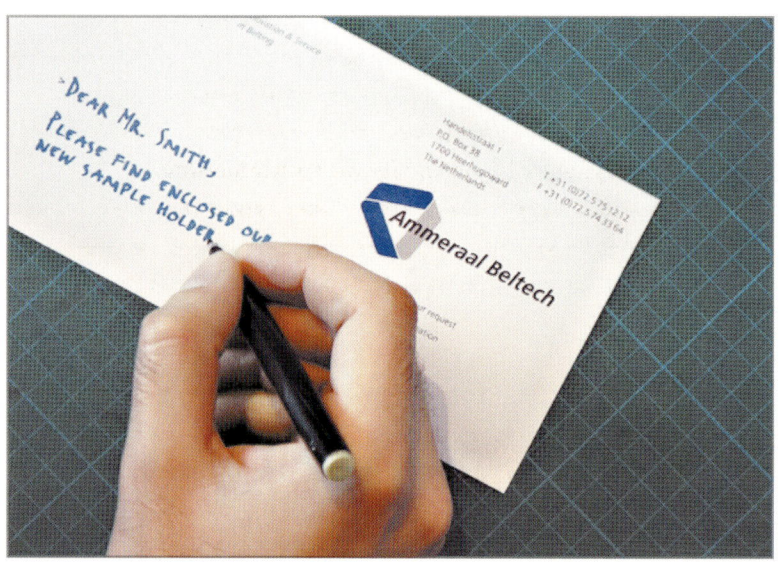

Die wichtigsten Entwicklungsstufen der Agentur:

- ‣ 1972 gründet Lothar Böhm die Agentur Pack'Age.
- ‣ 1990 bezieht die Agentur den heutigen Standort im Elbspeicher am Hamburger Hafen.
- ‣ 1998 Erweiterung der Geschäftsführung mit Martina Kunert
- ‣ 1999 steigt Kreativ-Direktorin Christine Lischka in die Geschäftsführung auf.
- ‣ 2000 Gründung der Tochter in Warschau

Die Aufgabe

Die beiden Marktführer im Bereich industrielle Förder- **Anforderungen**
bänder AMMERAAL und VERSEIDAG BELTECH hatten
beschlossen zu fusionieren. Im Rahmen einer umfassenden
CI-Strategie wurde von der LOTHAR BÖHM GMBH ein
neues Branding entwickelt, das im Rahmen eines Kick-off-
Meetings in Barcelona dem Top-Management des neu
formierten Unternehmens AMMERAAL BELTECH präsentiert wurde. Die Systemkompetenz der individuellen
Fertigung und die konsequente Ausrichtung auf Kunden-
bedürfnisse sind ausschlaggebend für die Positionierung
von AMMERAAL BELTECH. Das Unternehmen setzt auf
individuelle, an das Stückgut angepasste Förderbänder und
einen flächendeckenden Kundenservice.

Die Umsetzung

In der Pre-Stage-Phase wurden mit Hilfe eines Workshops **Auftragsverlauf**
zur Identitätsfindung die Vision der Unternehmung und
die CI-Strategie abgeleitet. Die Unternehmensidentität
wurde in der Corporate Message "One vision. One goal.

One future." neu formuliert und verdichtet. Die verschiedenen Markenelemente wie Name, Logo, Farb- und Schriftelemente machen diese Corporate Message erlebbar.

Zielsetzung im Corporate Design war die Konsolidierung und Profilierung zu einer globalen Marke, die in Zukunft eng mit dem Markenwert Systemkompetenz für alle Ebenen der industriellen Förderbänder in Verbindung gebracht wird.

Das erklärte Ziel der LOTHAR BÖHM GMBH war es, die Marke zu profilieren. Dies gelang, indem die Unternehmenstätigkeit durch das Möbiusband in prägnanter technischer Tonalität visualisiert wurde. Zur konsequenten Durchsetzung der Gestaltungsrichtlinien wurden ein Dokumentation CD-Manual und ein Sample-Book erstellt. Im September 2000 fand in Barcelona die Markenimplementierung unter dem Motto "One vision. One goal. One future." statt. Unterstützt wurde sie durch eine Kick-off-Broschüre und eine Veranstaltung. Die gesamte Durchführung dauerte Zeitrahmen rund zwölf Wochen.

Finanzen **Die Vergütung**

‣ Projektleitung
‣ Analyse, Konzeption und Text
‣ CI-Design
‣ Corporate Communication
‣ Manual
‣ Event

‣ **Gesamtsumme** .... ca. DM 165.000,– / EUR 84.363,16

Studio LAEIS, Design & Werbung   8.6
Köln

Auftraggeber
Rheinisches Landesmuseum

Aufgabe
Überarbeitung des Erscheinungsbildes
zu einem einheitlichen Corporate Design

Gründung
1973

Mitarbeiter
5

Umsatz 2001
DM 1,2 Millionen / EUR 610 Tausend

www.laeis.de

STUDIO LAEIS hat sich mit seiner Arbeit zunehmend auf die vier Branchenbereiche Pharma, Dental, Kultur und Architektur spezialisiert. Das besondere Bestreben der Agentur ist es, Lösungen im Team mit den Mitarbeitern des Auftraggebers zu erarbeiten – anstatt dem Kunden einen »Designstempel« aufzudrücken. Folgende Referenzen wurden von STUDIO LAEIS als besondere Meilensteine angegeben:

‣ **Corporate Design**
‣ Dentalgroßunternehmen Vita, Bad Säckingen
‣ Rheinisches Landesmuseum, Bonn
‣ Deutscher Bundestag, Bonn/Berlin

‣ **sämtliche Drucksachen für**
‣ Creativ Playthings, CBS, New York
‣ Römisch-Germanisches Museum, Köln
‣ Vita Zahnfabrik, Bad Säckingen

Die Aufgabe

In kulturellen Institutionen wie Museen, die sich zwar lokal darstellen, aber auch internationale Kontakte pflegen, gibt es eine Vielzahl von Drucksachen: von den üblichen Geschäftspapieren über Programmhefte bis zu Verleihverträgen. Es galt nun, den über Jahre entstandenen Wildwuchs auf seine Existenzberechtigung zu prüfen und in eine nachvollziehbare und verständliche Form zu bringen. Sie sollte in positiver Weise mit dem Museum assoziiert werden und ihre Corporate-Design-Wirkung nach innen wie nach außen spürbar machen. Dabei standen in der Gestaltung die Schwerpunkte Übersichtlichkeit, Information und Klarheit im Vordergrund.

RHEINISCHES
LANDESMUSEUM
BONN
LANDSCHAFTSVERBAND
RHEINLAND

Die Umsetzung

Zusammen mit Kooperationspartnern aus Architektur
und Fotografie waren seitens der Agentur Geschäftsleitung,
Projektmanagement, Senior-Designer, Designer und Assistenten an der Umsetzung der Aufgabe beteiligt. In enger
Zusammenarbeit wurden mit den Museumsabteilungen
Geschäftsleitung, Öffentlichkeitsarbeit und Marketing
die Anforderungen definiert. Briefing und Re-Briefing
dauerten etwa zwei Wochen. Die benötigte Dauer der weiteren Arbeitsschritte wird hier im Folgenden dargestellt:

Auftragsverlauf

- ‣ Briefing / Re-Briefing .... 2 Wochen
- ‣ Problemerkennung... 1 Woche
- ‣ Recherche .... 2 Wochen
- ‣ Analyse des Ist-Zustands .... 2 Wochen
- ‣ Definition der Ziele .... 1 Woche
- ‣ Konzeption.. 6 Wochen
- ‣ Auswahl und Korrektur .... 4 Wochen
- ‣ Dokumentation .... 2 Wochen

Zeitrahmen

Das Ergebnis wurde als gedrucktes CD-Manual dokumentiert.

Dokumentation

Kunst und
Kultur im Rheinland
vom Neandertaler
bis Heute

RHEINISCHES
LANDESMUSEUM
BONN
LANDSCHAFTSVERBAND
RHEINLAND

KUNST
UND KULTUR IM
RHEINLAND
VOM
NEANDERTALER
BIS BEUYS

53115 Bonn 1
Colmantstraße 14-16
Öffnungszeiten:
Dienstag-Freitag 9-17 Uhr
Mittwoch 9-20 Uhr
Samstag, Sonntag 10-17 Uhr
Montags geschlossen
Jeden 1. Sonntag
im Monat Eintritt frei

RHEINISCHES
LANDESMUSEUM
BONN
LANDSCHAFTSVERBAND
RHEINLAND

Die Vergütung

‣ **Agenturleistung**
‣ Briefing / Re-Briefing
50 Stunden
à DM 140,– / EUR 71,58 .... DM   7.000,– / EUR   3.579,04
‣ Problemerkennung
30 Stunden
à DM 160,– / EUR 81,81 .... DM   4.800,– / EUR   2.454,20
‣ Recherche
40 Stunden
à DM 130,– / EUR 66,47 .... DM   5.200,– / EUR   2.658,72
‣ Analyse des Ist-Zustandes
40 Stunden
à DM 150,– / EUR 76,69 .... DM   6.000,– / EUR   3.067,75
‣ Definition der Ziele
20 Stunden
à DM 160,– / EUR 81,81 .... DM   3.200,– / EUR   1.636,13
‣ Konzeption
180 Stunden
à DM 160,– / EUR 81,81 .... DM 28.800,– / EUR 14.725,21
‣ Auswahl und Korrektur
120 Stunden
à DM 160,– / EUR 81,81 .... DM 19.200,– / EUR   9.816,80
‣ Korrektur / Testphase
20 Stunden
à DM 150,– / EUR 76,69 .... DM   3.000,– / EUR   1.533,88
‣ Auswertung
25 Stunden
à DM 150,– / EUR 76,69 .... DM   3.750,– / EUR   1.917,34

- Produktion
  60 Stunden
  à DM 120,– / EUR 61,36 .... DM   7.200,– / EUR   3.681,30
- technische Kosten
  50 Stunden
  à DM 120,– / EUR 61,36 .... DM   6.000,– / EUR   3.067,75

- **Fremdkosten**
- Fotografie .... ca. DM   3.000,– / EUR   1.533,88
- Belichtungsservice .... ca. DM   4.000,– / EUR   2.045,17
- Datenarchivierung etc. .... DM   3.000,– / EUR   1.533,88
- Bildrechte, Bildarchive .... DM   2.000,– / EUR   1.022,58

- **Materialkosten**
- Präsentations- und
  Anschauungsmaterialien ..... DM   6.500,– / EUR   3.323,40
- Dokumentation .... DM   1.500,– / EUR   766,94

- **Gesamtsumme** .... DM 114.150,– / EUR 58.363,97

GornigDesign   8.7

Mülheim an der Ruhr

Auftraggeber

LEG Landesentwicklungsgesellschaft NRW,
Düsseldorf

Aufgabe

Entwicklung und Betreuung
eines neuen Corporate Designs

Gründung

1990

Mitarbeiter

4

Umsatz 2001

DM 1,5 Millionen / EUR 770 Tausend

GᴏʀɴɪɢDᴇsɪɢɴ arbeitet medienübergreifend im Bereich der visuellen Kommunikation für mittelständische Unternehmen und öffentliche Auftraggeber. Die Konzeption und Gestaltung von Unternehmens- und Markenerscheinungsbildern sowie deren Umsetzung und langfristige Weiterentwicklung sind die zentralen Aufgaben der Agentur. Neben dem Re-Design für die Landesentwicklungsgesellschaft ɴʀw GmbH sind unter anderem die Firmenauftritte des Öko-Zentrums ɴʀw, des Essener und des Hammer Technologiezentrums sowie die Markenerscheinungsbilder »Kerto-Furnierschichtholz« und »induo-systemholztechnik« von GᴏʀɴɪɢDᴇsɪɢɴ entwickelt worden.

Die Aufgabe

Im Wesentlichen lagen die inhaltlichen Schwerpunkte der ᴄᴅ-Entwicklung auf Selbstdarstellung und Information. Dies bedeutete nach genauerer Analyse, dass für die Gestaltung die Attribute Übersichtlichkeit, Information, Klarheit, Eigenständigkeit und Aufwertung befolgt werden.

Die Umsetzung

Der Auftraggeber kam mit Geschäftsführung und Öffentlichkeitsarbeit aufgrund bereits bestehender Geschäftsbeziehungen auf die Agentur zu und lud zu einem eingeschränkten Wettbewerb mit insgesamt sechs Agenturen ein. Die Wettbewerbspräsentation wurde vom Agenturinhaber und dem Senior-Designer erstellt. Seitdem die Agentur den Zuschlag erhielt, sind zwei Designer zuständig für die kontinuierliche Umsetzung und Weiterentwicklung des ᴄᴅs und die aktuell anstehenden Designaufgaben.

8 Beispiele aus der Praxis

‣ Briefing / Re-Briefing .... 4 Stunden
‣ Problemerkennung, Recherche,
Analyse des Ist-Zustands, Definition der Ziele
insgesamt .... 1 Woche
‣ Konzeption, Gestaltung, Präsentation
insgesamt .... 3 Wochen
‣ Auswahl und Korrektur, Testphase,
Auswertung, Dokumentation
insgesamt.. 4–5 Wochen

Das Ergebnis wurde als gedrucktes CD-Manual dokumentiert.

Die Vergütung

‣ **Agenturleistung**

‣ **1.Phase (vor der Präsentation)**
‣ Briefing / Re-Briefing .... 8 Stunden
‣ Problemerkennung .... 8 Stunden
‣ Recherche... 8 Stunden
‣ Analyse des Ist-Zustandes .... 16 Stunden
‣ Definition der Ziele .... 16 Stunden
‣ Konzeption .... 32 Stunden
‣ Gestaltung ....120 Stunden
‣ Auswahl.. 16 Stunden

Dies wurde abgegolten
durch ein Präsentationshonorar
von pauschal.......................... DM 10.000,– / EUR 5.112,92.
Als Gewinner des Wettbewerbs
gab es weitere .... DM 30.000,– / EUR 15.338,76.

LEG Landesentwicklungs-
gesellschaft NRW GmbH

LEG Standort- und
Projektgesellschaft mbH

LEG Gesellschaft für Vertrieb und
Mieterprivatisierung mbH

▸ **2. Phase (nach der Präsentation)**
▸ Korrektur / Testphase
40 Stunden
à DM 140,– / EUR 71,58 .... DM 5.600,– / EUR 2.863,23
▸ Auswertung
16 Stunden
à DM 140,– / EUR 71,58 .... DM 2.240,– / EUR 1.145,29
▸ Programmierung / Reinzeichnung
32 Stunden
à DM 140,– / EUR 71,58 .... DM 4.480,– / EUR 2.290,59
▸ Dokumentation / Handbuch /
CD-Manual
160 Stunden, pauschal .... DM 30.000,– / EUR 15.338,76

▸ **Materialkosten**
▸ Andruck für Präsentation .. ca. DM 2.000,– / EUR 1.022,58
▸ Kopien für Präsentation ..... ca. DM 300,– / EUR 153,39
▸ Präsentationsmaterial .... ca. DM 500,– / EUR 255,65
▸ Verbrauchsmaterial .... ca. DM 300,– / EUR 153,39
▸ Prints .... ca. DM 500,– / EUR 255,65

▸ **Gesamtsumme** .... DM 85.920,– / EUR 43.930,20

8.8 Anna B. Design
Berlin

Auftraggeber
Cornelia Brinkmann

Aufgabe
Entwicklung eines Corporate Designs
für die Konfliktberaterin Cornelia Brinkmann
als Low-Budget-Projekt

Gründung
1989

Mitarbeiter
4

Umsatz 2001
keine Angaben

www.annabdesign.de

Für ANNA B. DESIGN steht mit vier Mitarbeiterinnen die Profil
Professorin für Kommunikationsdesign Anna Berkenbusch.
Die Agentur beschreibt sich als ein kleines feines Designbüro in Berlin und arbeitet in allen Bereichen des Kommuni-
kationsdesigns. Dies beginnt bei Designberatung und
streckt sich über Editorial, Erscheinungsbilder, Internet-
auftritte und Veranstaltungsausstattungen. Für ihre
Arbeiten erhielt ANNA B. DESIGN zahlreiche Auszeichnungen im In- und Ausland. Anna Berkenbusch ist Professorin für Kommunikation an der Universität Essen. Ihre
Arbeiten, Vorträge und Texte sind in diversen Publikationen
veröffentlicht.

Die Aufgabe

Die Tätigkeitsfelder der Auftraggeberin CORNELIA Anforderungen
BRINKMANN als Beraterin für zivile Konfliktberatung und
Gewaltprävention liegen in den Bereichen Mediation,
Konflikt-Management und Konzeptentwicklung in akuten
Krisensituationen. Die besondere Schwierigkeit dieses
CD-Projektes lag in der Vielschichtigkeit und Unvorherseh-
barkeit des Arbeitsgebietes der Auftraggeberin, die immer
auf neue Partner, andere Ausgangssituationen und auch
auf unterschiedlich konkrete Möglichkeiten der Hilfe stößt.
Institutionen mit internationalen Bezügen nehmen bisher
die Arbeit von Frau Brinkmann am ehesten in Anspruch.
In diesem Bereich sind Gelder nicht auf Profite angelegt,
weshalb man sich in Form einer Pauschale auf ein »Low-
Budget«-Honorar von DM 3.000,– / EUR 1.533,88 einigte.

Die Umsetzung

Die Auftraggeberin und die Agentur ANNA B. DESIGN Auftragsverlauf
waren sich aus einem früheren Auftrag bereits bekannt. Da
die Auftraggeberin zu dieser Zeit in Bonn beruflich tätig war
und keine Reisekosten anfallen sollten, kamen die ersten
Kontakte per E-Mail und Post zustande. Zur Präsentation der
konzeptionellen Ergebnisse reiste die Auftraggeberin Frau
Brinkmann für den ersten persönlichenKontakt zu ANNA
B. DESIGN nach Berlin.

In den Phasen vom Briefing bis zur Definition der Ziele
ergaben sich für die Gestaltung wichtige Eckdaten, die zur
Orientierung in der Umsetzung dienten. Speziell die Vielschichtigkeit und Unvorhersehbarkeit ergaben einen eigenen Ansatz für das CD-Konzept. Übliche Einschränkungen
in Bild- und Farbwelten wurden bewusst ausgeschlossen.
Stattdessen wurde die visuelle Klammer durch verschiedene
Trägermaterialien unterschiedlicher Makulatur aus der
Druckproduktion gebildet. So wurde zum Beispiel ein Auf-
klebebogen, der die verschiedenen Angebote und Informationen der Auftraggeberin enthält, auf diesen Makulatur-
bögen für einen späteren, flexiblen Einsatz kombiniert.

Vor der eigentlichen Umsetzung kam die Auftraggeberin Frau Brinkmann zu einer ersten persönlichen Präsentation nach Berlin. Die Umsetzung gliederte sich anschließend
in folgende Phasen:

Zeitrahmen

- Briefing / Re-Briefing,
  Problemerkennung, Recherche
  insgesamt .... 3 Wochen
- Analyse des Ist-Zustands,
  Definition der Ziele
  insgesamt .... 2 Wochen

- ‣ Konzeption .... 1 Woche
- ‣ Auswahl und Korrektur .... 2 Wochen
- ‣ Realisierung .... 3 Wochen

Die Vergütung

- ‣ **Agenturleistung**
  Da im Allgemeinen die Auftraggeber für Konfliktberatung bisher eher aus sozialen Bereichen kommen
  und Gelder nicht auf Profite angelegt sind, einigte
  man sich in Form einer Pauschale auf ein Honorar von
  DM 3.000,– / EUR 1.533,88.

- ‣ **Fremd- und Materialkosten** wurden zusätzlich zur
  Honorarpauschale nach Aufwand weiterberechnet.

- ‣ **Gesamtsumme** .... DM 3.000,– / EUR 1.533,88

Buttgereit und Heidenreich   8.9

Haltern am See

Auftraggeber
Evangelische Kirche von Westfalen

Aufgabe
Entwicklung eines
Corporate-Design-Konzeptes
für die Evangelische Kirche
von Westfalen

Gründung
1993

Mitarbeiter
15

Umsatz 2001
DM 2,5 Millionen / EUR 1,28 Millionen

www.b-und-h.de

Buttgereit und Heidenreich beweist mit 15 Mitarbeitern, dass erfolgreiche CD-Arbeiten auch abseits der
Metropolen entstehen können. Sie stellen dabei eine
ganzheitliche Betrachtungsweise in den Vordergrund und
geben an, dass es selbst namhaften Unternehmen zunehmend schwerer fällt, ihr Unternehmensprofil gerade im
Zuge neuer Technologien und Medien überzeugend zu
kommunizieren. Die Agentur zielt dabei nicht auf spezielle
Branchen, sondern auf ganzheitliche Unternehmensprofile
vom Corporate Design über Marketingkonzepte bis zu
Produktausstattungen und Unternehmensinszenierung.
Im Vordergrund steht dabei eine strategische Beratung,
die Kommunikations- und Designmaßnahmen nicht nur
effizienter und erfolgreicher machen soll, sondern darüber
hinaus auch unerwartete Kosteneinsparung ermöglichen
kann.

Die Aufgabe

Das Landeskirchenamt und die Westfälische
Landeskirche verfügten bisher weder über ein einheitliches Design-Konzept noch über ein Signet. Die einzelnen
örtlichen Kirchengemeinden nutzten ab und zu unterschiedliche Zeichen, zum Beispiel in Form des Kirchen-
siegels. Die Präsenz, der Bekanntheitsgrad und die Kenntnis
über die Aufgaben des Landeskirchenamtes sind in den
fast 700 Gemeinden an der Basis eher gering.

Zwei Hauptaufgaben bildeten sich als Anforderungen
heraus: Zum einen sollte die Institution Landeskirchenamt repräsentiert, zum anderen der lebendige Organismus
der Gemeinden vermittelt werden. Eine weitere wichtige
Anforderung lag in der Möglichkeit, das zu entwickelnde

Signet der LANDESKIRCHE mit den vorhandenen Zeichen kirchlicher Institutionen zu kombinieren, ohne dabei eine diktatorische Dachmarke zu bilden.

Die Umsetzung

Auftragsverlauf Zusammen mit der Geschäftsführung und der Abteilung für Öffentlichkeitsarbeit des LANDESKIRCHENAMTES der Evangelischen Kirche von Westfalen und der Westfälischen Landeskirche hat BUTTGEREIT UND HEIDENREICH die Aufgaben definiert. Die Umsetzung verlief in drei wesentlichen Stufen. In der ersten Stufe wurde durch Briefing, Zustandsanalyse, Recherche und Definition der Zielsetzung eine Grundlage für die spätere Designentwicklung geschaffen. Anschließend, in der zweiten Stufe, ging es darum, eine zielgerichtete Wort-/Bildmarke zu gestalten. Die Konzeption einer visuellen Grundstruktur und erste Entwurfsarbeiten zu verschiedenen Anwendungsbereichen als Grundlage für die Detail-Ausgestaltung aller Drucksachen wurden in der dritten Stufe verwirklicht. Abschließend **Dokumentation** erfolgte die Dokumentation als CD-Manual in Form einer PDF-Datei.

Zeitrahmen Für die einzelnen Arbeitsphasen ergaben sich folgende Zeitrahmen:
- ▸ Briefing/Re-Briefing, Analyse des Ist-Zustandes, Definition der Ziele .... 2 Monate
- ▸ Konzeption/Gestaltung .... 1 Monat

Die Dokumentation in Form eines Manuals fand ein Jahr Dokumentation
nach Abschluss des Projektes statt. Auf diese Weise konnten
die in dieser Zeit gesammelten Anwendungserfahrungen
mit einbezogen werden.

Die Vergütung Finanzen

BUTTGEREIT UND HEIDENREICH hat bei diesem Auftrag
als Grundlage zur Berechnung der Vergütung eine spezielle
Preisliste für christliche Non-Profit-Unternehmen
angesetzt.

▸ **Agenturleistung**
▸ Briefing / Re-Briefing, Analyse des Ist-Zustandes,
  Definition der Ziele, ein Tag Workshop,
  insgesamt .... DM   3.800,– / EUR   1.941,91
▸ Konzeption und Entwicklung
  der Wort-/Bildmarke .... DM   8.000,– / EUR   4.090,34
▸ erste Entwurfsansätze
  zu verschiedenen Anwendungsbereichen
  (visuelle Grundstruktur) .... DM   4.600,– / EUR   2.351,94

▸ **CD-Manual**
▸ Entwicklung einer inhaltlichen Didaktik,
  Anwendungsbeschreibung (Text), computerunterstützte
  Reinzeichnung, Daten aufbereitetes PDF
  insgesamt .... DM 12.000,– / EUR   6.135,50

▸ **Gesamtsumme** .... DM 28.400,– / EUR 14.520,69

8.10 Factor Design
Hamburg

Auftraggeber
Thalia Theater Hamburg

Aufgabe
Entwicklung eines neuen Corporate Designs
für das Thalia Theater Hamburg,
einer der renommiertesten deutschsprachigen
Sprechbühnen

Gründung
1993

Mitarbeiter
25 in Hamburg, 5 in San Francisco

Umsatz 2001
keine Angaben

www.factordesign.com

FACTOR DESIGN hat sich spezialisiert auf die Entwicklung, Profil
Implementierung und Pflege komplexer Corporate
Design Programme. Corporate Design bedeutet für FACTOR
DESIGN die konsequente Übersetzung einer Corporate
Identity in wahrnehmbare, verständliche und attraktive
Formen. Insofern versteht FACTOR DESIGN die Zusammen-
arbeit mit Kunden auch stets als partnerschaftliche Team-
arbeit. Denn nur, wer willens und in der Lage ist, die eigene
und unverwechselbare Identität in einem gemeinsamen
Prozess deutlich herauszuarbeiten und greifbar zu machen,
ermöglicht dadurch erst ein unverwechselbares, schlüssiges
Corporate Design.

Corporate-Design-Programme u. a. für Römerturm Feinst- Referenzen
papier, C&A Europe, COR, Deutsche Welle, Kabel New Media
(Deutscher Preis für Corporate Design 2000)

Die Aufgabe

Im Jahr 2000 wechselte die Intendanz des THALIA THEATERS Anforderungen
von Jürgen Flimm zu Prof. Ulrich Khuon und seinem Team.
Zu diesem Anlass benötigte das Theater ein neues Corporate
Design. Die besondere Schwierigkeit bestand darin, eine
Form zu finden, die den sehr guten Ruf des Hauses nicht in
Frage stellte und sein treues Publikum irritierte, trotzdem
jedoch unmissverständlich den Aufbruch in eine neue Ära
signalisierte. Das neue Corporate Design sollte nach der
Grundkonzeption vorrangig auf bereits existierende Medien
wie Geschäftsausstattung, Monatsübersichten und Programmhefte, aber auch auf eine neu konzipierte Theater-
zeitung und natürlich auf jedes Detail im und am Theater

selbst angewandt werden. Ein Internetauftritt mit bewährter Struktur war bereits vorhanden und musste formal an das neue CD angepasst werden.

Die Umsetzung

Auftragsverlauf In einer von beiden Seiten intensiv und vertraulich geführten Konzeptphase, begonnen im Herbst 1999, wurden zunächst Grundwerte der neuen Identität des Theaters herausgearbeitet. Danach entstanden in einer ersten Entwurfsphase ein Gestaltungsrepertoire und mögliche Anwendungen. In einer zweiten Entwurfsphase ab Januar 2000 wurden die Anwendungen konkretisiert und sukzessive, beginnend mit der Pressekonferenz zur neuen Spielzeit im April bis zum Spielzeitstart im September, implementiert. Der Internet-Relaunch wurde allerdings erst im Oktober 2000 beendet. Schließlich wurden auf Basis des neuen CDs monatliche Periodika in Form von Stylesheets eingerichtet und über ein halbes Jahr umgesetzt. Heute wird das Corporate Design von einer Inhouse-Designerin weitergeführt.

Zeitrahmen
- ‣ **Konzeptphase**
  ausführliche Gespräche, Briefings und Re-Briefing in vielen Einzelschritten:
  September/Oktober 1999
- ‣ **Entwurfsphase 1**
  Entwicklung eines Gestaltungsbaukastens:
  Oktober–Dezember 1999
- ‣ **Entwurfsphase 2**
  erste Anwendungsbeispiele:
  Januar/Februar 2000

⚝ THALIA

- **Implementierungsphase**
  konkrete Anwendung auf alle relavanten Medien
  und Produktion, Einführung des neuen CDs im Theater
  und in der Öffentlichkeit:
  März–September 2000
  (abzüglich einer einmonatigen Theaterpause im Sommer)
- **Internet**
  August–Oktober 2000
- **weiterführende Maßnahmen und Pflege**
  ab September 2000–März 2001

Die Vergütung

Finanzen In Anbetracht der eingeschränkten finanziellen Möglichkeiten eines staatlich subventionierten Theaters wurden
auch besondere finanzielle Rahmenbedingungen geschaffen. Man kam überein, dass zu einem festen, nahezu kosten-
deckenden Stundensatz und im Rahmen projektbezogener
Kostenvoranschläge gearbeitet werden sollte. Die so entstandenen Kalkulationen gingen mehr oder weniger gut
auf. Vor allem in der Umsetzung stellte sich heraus, dass
im Interesse einer hohen Qualität mehr Zeit in Entwurf und
Produktionsvorbereitung zu investieren war als Honorar
bereit stand. Dies führte am Ende auch zu der Erkenntnis,
dass auf Basis klar definierter, aber flexibler Gestaltungsrichtlinien eine vom Theater eingestellte Inhouse-Designerin die Arbeit würde effektiver fortsetzen können. Letzt-
lich waren jedoch beide Seiten sehr zufrieden mit der
Zusammenarbeit, weil die Bedingungen zu einem erfolgreichen und auch vielfach preisgekrönten Ergebnis geführt
hatten.

> **Konzeptphase**
Analyse, Briefing / Re-Briefing
200 Stunden .... DM 20.000,– / EUR 10.225,84

> **Entwurfsphase 1**
Entwicklung eines Gestaltungsbaukastens,
erste Anwendungen
200 Stunden .... DM 20.000,– / EUR 10.225,84

> **Entwurfsphase 2**
Anwendungen, Stylesheets für alle Periodika
150 Stunden .... DM 15.000,– / EUR 7.669,38

> **Implementierungsphase**
Realisation aller Entwürfe (Geschäftsausstattung, erstes
Monatsleporello, erste Ausgabe der Zeitung, insgesamt
Gestaltung von zehn Premieren-Programmheften auf
Basis eines einheitlichen Rasters, Abonnentenmaterial,
zehn Plakate, Fassaden- und Innenraumgestaltung,
Schilder, Material für die Pressekonferenz, diverses Mate-
rial für die zweite Bühne des Theaters, Eintrittskarte,
Formularwesen in Word inklusive Implementierung im
Theater etc.) Produktionsvorbereitung und Produktions-
überwachung
650 Stunden .... DM 55.000,– / EUR 28.121,05

> **Internet**
Design und Programmierung auf Basis einer existierenden
Struktur, Entwicklung eines Redaktionssystems, Entwick-
lung eines Reservierungssystems, Testphase und
Einführung in das Redaktionssystem
450 Stunden .... DM 45.000,– / EUR 23.008,13

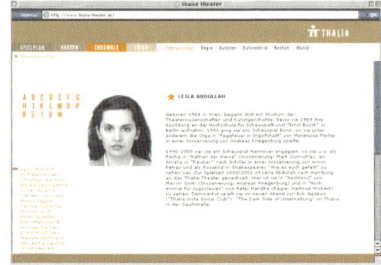
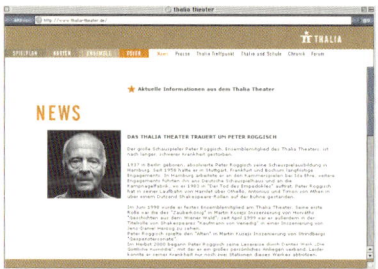

▸ **weiterführende Arbeiten**

Die Gestaltung und Umsetzung der regelmäßigen Arbeiten (Monatsleporello, Zeitung, Anzeigen in verschiedenen
Zeitungen) konnte seitens des Theaters (verständlicher-
weise) mit lediglich DM 5.000,– / EUR 2.556,46 pro Monat
vergütet werden. An dieser Stelle passten Honorar und
Leistung endgültig nicht mehr zusammen und es entstand
die Idee, diese regelmäßigen Arbeiten zukünftig inhouse
im Theater weiterzuführen. Trotzdem entschloss sich
FACTOR DESIGN, zu diesen Konditionen für etwa ein
halbes Jahr alle notwendigen Arbeiten zu erledigen, um
dem jungen Erscheinungsbild nachhaltig auf die Füße
zu helfen. Danach fand man gemeinsam eine geeignete
Designerin und arbeitete sie in die neue Aufgabe ein.

Neufrankfurt Corporate Design GmbH   8.11

Frankfurt am Main
(ehemals HWL+ Partner Design GmbH)

Auftraggeber
entory AG

Aufgabe
Entwicklung eines Corporate Designs
für die fusionierenden Firmen
nova data AG und ceta software GmbH
im Rahmen eines Wettbewerbs

Gründung
1991

Mitarbeiter
11–12

Umsatz 2001
DM 2,7 Millionen / EUR 1,4 Millionen

www.neufrankfurt.de

Die Agentur NEUFRANKFURT CORPORATE DESIGN GMBH
entwickelt strategisches, zukunftsorientiertes Design
und berät Unternehmen bei der Entwicklung ihrer Identität. Mit ihrem Denken, Experimentieren, Entwickeln
und Implementieren für große und mittelständische
Unternehmen sowie klassische Branchen und Newcomer
liegt ihr Schwerpunkt im Corporate Design. Individuelle
Designstrategien und Visualisierungen sollen die Agentur
und ihre Kunden auf dem Markt erfolgreich machen. Der
Ansatz der Agentur ist ganzheitlich und dient der Vermitt-
lung einer geschlossenen, wiedererkennbaren Corporate
Identity. Daher wird das NEUFRANKFURT-Team bei Bedarf
mit Kooperationspartnern aus angrenzenden Bereichen
ergänzt. Folgende Arbeiten gibt die Agentur als Meilensteine
ihrer Arbeit an:

Referenzen
- ‣ B+S Banksysteme AG
- ‣ Boehringer Ingelheim Pharma KG
- ‣ DFS Deutsche Flugsicherung GmbH
- ‣ Deutsche Bank AG
- ‣ DSM Deutsche Städte-Medien GmbH
- ‣ Gebr. Schmidt Druckfarben GmbH
- ‣ Helaba Landesbank Hessen/Thüringen
- ‣ Fotografie Forum international
- ‣ PHAGRO Bundesverband
  des pharmazeutischen Großhandels

Die Aufgabe

Anforderungen Im Juli 2000 lud das Unternehmen NOVA DATA AG die
Agentur NEUFRANKFURT CORPORATE DESIGN GMBH
(ehemals HWL + Partner Design GmbH) zu einer CD-Wett-
bewerbspräsentation für das neu zu gründende Unter-

nehmen ENTORY ein, das aus dem Zusammenschluss der
NOVA DATA AG mit der Firma CETA SOFTWARE GMBH
entstehen sollte. Pünktlich zur Hauptversammlung der
beiden Firmen im Oktober 2000 sollte die Fusion offiziell
beschlossen, das neue Corporate Design den Mitarbeitern
präsentiert und ab diesem Zeitpunkt eingesetzt werden.

Mit ENTORY entstand ein IT-Unternehmen, das mit
Hilfe von auf Komponenten basierenden Software-Engines
individuelle Lösungen für Finanzunternehmen entwickelt.
Dabei ist es wichtig, dass die Berater gleichzeitig das
bankenfachliche und das technologische Handwerkszeug
beherrschen und so den Kunden durchdachte, auf ihre
Prozesse abgestimmte Lösungen bieten. Das Zusammenspiel
von Mensch und Technik ist die Basis des Unternehmens.
Diese Dualität wurde zum Leitmotiv in der Gestaltung.

Die Umsetzung

Demnach galt als Ziel der Agentur, auf der Basis des Leit-   **Auftragsverlauf**
motivs ein unverwechselbares und einprägsames Erschei-
nungsbild zu entwickeln. Der Präsentation im August ging
ein schriftliches Angebot voraus. Dieses basierte auf einem
schriftlichen Briefing. In der dreiwöchigen Konzeptphase
wurden die Grundzüge des Corporate Designs erarbeitet.
Besonders berücksichtigt wurden bei der Entwicklung die
vorgegebenen Identitätswerte und das Wettbewerbsumfeld.
Da ein nicht unwesentlicher Teil des Erscheinungsbildes
durch selbst erstellte PowerPoint-Präsentationen und
Produktinformationen nach außen getragen wird, wurden
die Möglichkeiten, das CD später auch im Unternehmen
anwendbar zu machen, eingehend untersucht. Um die
Kosten für den Kunden übersichtlich zu halten, schlug die

Agentur eine Entwicklung in zwei Phasen vor. Die erste Phase garantierte die konzeptionelle Vorarbeit in Form einer Designstrategie und den Grundzügen des Gestaltungssystems in zwei Varianten. Die zweite Phase umfasste die Ausarbeitung von Gestaltungselementen eines Ansatzes, sodass direkt im Anschluss an diese Phase mit der Umsetzung einzelner Maßnahmen begonnen werden konnte. Unabhängig davon war die Vergütung der Nutzungsrechte geregelt. Dem Kunden war diese Vorgehensweise zwar nicht geläufig, er akzeptierte diese aber nach Erläuterung durch die Agentur.

▸ **Phase 1 – Konzeptentwicklung**
▸ Entwicklung eines Gestaltungssystems
▸ beispielhafte Darstellung der Ergebnisse
  anhand von Logo, Broschüretiteln und Briefbögen
▸ Kontakt
▸ Präsentation

▸ **Phase 2 – ausgewähltes Designkonzept**
▸ Definition weiterer Gestaltungsmerkmale
  (Formatvarianten, Gestaltungsvarianten, Bildwelt)
▸ Darstellung der Ergebnisse
  anhand beispielhafter Titel- und Innenseiten
▸ Kontakt
▸ Präsentation

Dokumentation Die Entstehung des Corporate Designs wurde von Anfang an in Form von PDF-Manuals dokumentiert. Dies erwies sich als besonders wertvoll, da das Corporate Design auf immer neue Anwendungen appliziert und dadurch bestehende Elemente verfeinert und ergänzt wurden. Durch die

dynamische Dokumentation ist es möglich, den Status quo umgehend und unkompliziert an alle am Etablierungsprozess beteiligten externen und internen Anwender zu verteilen. Dadurch wird gewährleistet, dass über alle Medien und Anwendungen hinweg ein einheitliches Bild gewahrt bleibt und das Erscheinungsbild seinen Beitrag zur Marktdurchdringung leistet.

Die Vergütung

‣ **Phase 1**
‣ Entwicklung eines Gestaltungssystems
‣ beispielhafte Darstellung der Ergebnisse
  anhand von Logo, Broschüretiteln und Briefbögen
‣ Kontakt
‣ Präsentation
‣ **pauschal**.................................. DM 15.000,– / EUR 7.669,38

‣ **Phase 2**
‣ Definition weiterer Gestaltungsmerkmale
  (Formatvarianten, Gestaltungsvarianten, Bildwelt)
‣ Darstellung der Ergebnisse
  anhand beispielhafter Titel- und Innenseiten
‣ Kontakt
‣ Präsentation
‣ **pauschal**.................................. DM   9.000,– / EUR 4.601,63

‣ **Nutzungsrechte** .... DM 33.600,– / EUR 17.179,41

Zusätzlich zum Gestaltungshonorar errechnen sich
die Nutzungsrechte für die Gewährleistung der räum-
lichen, zeitlichen und inhaltlichen Nutzung durch
Multiplikation folgender Faktoren:

- räumlich (weltweit) 0,5
- zeitlich (unbegrenzt)... 0,3
- inhaltlich (uneingeschränkt)... 0,6

Das Honorar aus Phase 1 und 2 – multipliziert mit dem
Faktor 1,4 – ergibt obiges Nutzungshonorar. Dieses
bezieht sich auf alle folgenden Anwendungen, fällt also
nur einmalig an. Der Kunde erhält damit das Recht, das
Corporate Design weltweit auf unbestimmte Zeit zu
nutzen und die Nutzungsrechte an Dritte weiterzugeben.

- **Anzeigen,**
  Geschäftsausstattung .... DM 10.300,– / EUR   5.266,31

- **Gesamtsumme**......................... DM 67.900,– / EUR 34.716,72

8.12 **moskito**

Kommunikation und Design, Bremen

Auftraggeber

Lloyd Shoes GmbH & Co. KG

Aufgabe

Überarbeitung des Corporate Designs
zur Neupositionierung
von Unternehmen und Marke

Gründung

1992

Mitarbeiter

32

Umsatz 2001

DM 5,2 Millionen / EUR 2,66 Millionen

www.moskito.de

MOSKITO wirbt mit der Ansicht: »Unternehmen und Profil
Marken haben mit Menschen viel gemeinsam. Nur wer
Charakter zeigt, besitzt Ausstrahlung und Anziehungskraft.
Und nur lebendige Unternehmen und Marken, die mit
ihren Adressaten sprechen, die überraschen, dynamisch
sind und zugleich Kontinuität besitzen, werden wahr-
genommen. Die Kunst der Umsetzung dieses Gedankens
liegt in der Reduktion auf das Wesentliche.« Folgende
Auszeichnungen gibt die Agentur an:

- ▸ diverse Auszeichnungen für Corporate Publishing und Auszeichnungen
  B-to-B-Kommunikation von der Fachpresse (Horizont)
- ▸ »Gold« und »Silber« bei der »Berliner Type« –
  kommunikationsverband.de (2000, 2001)
- ▸ unter den TOP 50 im Ranking
  der deutschen Kreativ-Agenturen (2001)
- ▸ »iF Design Award 2002«
  in der Kategorie »Communication Design«

Die Aufgabe

MOSKITO hatte bereits Projekterfahrung mit dem Unter- Anforderungen
nehmen LLOYD und nahm diesbezüglich Kontakt zum
Auftraggeber auf. Hauptziel war es, dem weltweit operieren-
den Unternehmen beziehungsweise der Marke LLOYD mit
Neupositionierung und komplettem Marken-Relaunch
einen verjüngten, dynamischeren, internationalen Charakter zu verleihen. Die Hauptattribute waren hierbei: eigen-
ständig, lebendig und klar. Sie sollten vom Unternehmen
auf die Marke LLOYD abstrahlen und sie gegenüber dem
Wettbewerb klar als dynamisch, lifestyle- und designorien-
tiert abgrenzen. Neben einer grundlegenden Überarbeitung
des visuellen Erscheinungsbildes sollten die einzelnen Ziel-

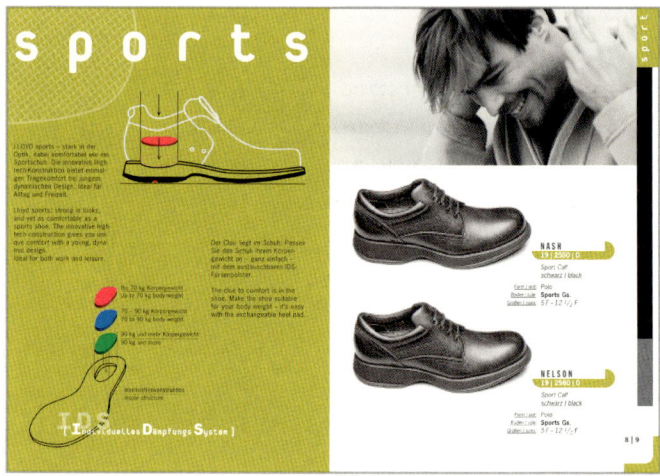

kreise mit unterschiedlichen, teilweise im neuen CD zu ent-
wickelnden Kommunikationsinstrumenten angesprochen
werden. Diese Überarbeitung umfasste unter anderem:

- ‣ Re-Design des Logos
- ‣ CD-Konzeption, Farben, Schriften, Darstellungen,
  Materialien
- ‣ Geschäftspapierausstattung
- ‣ Formularwesen
- ‣ Produktausstattung
  (Schuhkarton, Seidenpapier, Schuhanhänger etc.)
- ‣ P.O.S. Material (Poster, Aufsteller etc.)
- ‣ Anzeigen, Beihefter
- ‣ Prospekte / Broschüren (Imagebroschüre etc.)
- ‣ Kataloge
- ‣ Werbemittel (Tragetaschen, Fahnen, Streichhölzer etc.)
- ‣ Fachhandelsinformationen
  (»LLOYD Times«, Kundenzeitschrift etc.)
- ‣ Design-Manual

Die Umsetzung

Das Team der Agentur bestand aus Mitarbeitern der
Geschäftsleitung, Projektmanagement, Konzeption, Design,
Text und Produktion sowie einem Fotografen als externen
Kooperationspartner. Die LLOYD Shoes GmbH war mit
Geschäftsführung sowie mit Marketing- und Vertriebsleiter
an der Entwicklung beteiligt. Das Ergebnis wurde als
Design-Manual in Form einer CD-ROM dokumentiert.

Auftragsverlauf

Die Umsetzung wurde in zwei Phasen durchgeführt:

Zeitrahmen

- **Phase 1**
- Briefing / Re-Briefing .... 1 Woche
- Recherche,Wettbewerbsbeobachtung,
  Analyse des Ist-Zustandes, Definition
  der Ziele, strategische Konzeption .... 6 Wochen
- visuelle Konzeption,
  Grafik-Design / CD-Umsetzung .... 4 Wochen
- **Gesamt Phase 1**... 8 Wochen
  (aufgrund paralleler Abläufe)

- **1.Präsentation**

- **Phase 2**
- Auswahl / Korrektur, Auswertung .... 2 Wochen
- grafische Durchgestaltung, Text / Redaktion .. 6 Wochen
- **Gesamt Phase 2**... 8 Wochen

- **2.Präsentation**

- **Dokumentation / CD-Manual** .... 6 Wochen

- **Gesamt Phase 1, 2, Dokumentation** ....22 Wochen

SHOES FOR MEN!

A SENSE OF STYLE

Die Vergütung

▸ **Agenturleistung – Phase 1**

▸ Briefing / Re-Briefing
30 Stunden
à DM 150,– / EUR 76,69 .... DM 4.500,– / EUR 2.300,81

▸ Recherche,
Wettbewerbsbeobachtung
40 Stunden
à DM 120,– / EUR 61,36 .... DM 4.800,– / EUR 2.454,20

▸ Analyse des Ist-Zustandes
20 Stunden
à DM 150,– / EUR 76,69 .... DM 3.000,– / EUR 1.533,88

▸ Definition der Ziele
30 Stunden
à DM 250,– / EUR 127,82 .... DM 7.500,– / EUR 3.834,69

▸ strategische Konzeption
60 Stunden
à DM 250,– / EUR 127,82 .... DM 15.000,– / EUR 7.669,38

▸ visuelle Konzeption
50 Stunden
à DM 250,– / EUR 127,82 .... DM 12.500,– / EUR 6.391,15

▸ Grafik-Design / CD-Umsetzung
120 Stunden
à DM 260,– / EUR 132,94 .... DM 31.200,– / EUR 15.952,31

▸ Projektmanagement
80 Stunden
à DM 160,– / EUR 81,81 .... DM 12.800,– / EUR 6.544,54

▸ **Gesamt Phase 1**
430 Stunden .... DM 91.300,– / EUR 46.680,95

▸ **Agenturleistung – Phase 2**
▸ Auswahl/Korrektur
30 Stunden
à DM 180,– / EUR 92,03 .... DM   5.400,– / EUR   2.760,98
▸ Auswertung
10 Stunden
à DM 250,– / EUR 127,82 .... DM   2.500,– / EUR   1.278,23
▸ grafische Durchgestaltung
160 Stunden
à DM 260,– / EUR 132,94 .... DM   41.600,– / EUR   21.269,74
▸ Text/Redaktion
40 Stunden
à DM 180,– / EUR 92,03 .... DM   7.200,– / EUR   3.681,30
▸ Projektmanagement
120 Stunden
à DM 120,– / EUR 61,36 .... DM   14.400,– / EUR   7.362,60
▸ **Gesamt Phase 2**
360 Stunden .... DM   71.100,– / EUR   36.352,85

▸ **Agenturleistung – Dokumentation**
▸ Dokumentation CD-Manual
120 Stunden
à DM 240,– / EUR 122,71 .... DM   28.800,– / EUR   14.725,21

▸ **Gesamt Phase 1, 2, Dokumentation**
360 Stunden .... DM 191.200,– / EUR   97.759,01

▸ **Fremdkosten**
▸ Fotografie für
Image und Produkte .... DM 100.000,– / EUR   51.129,19

▸ **Gesamtsumme** .... DM 291.200,– / EUR 148.888,20

incorporate

8.13

communication + design gmbh, Berlin / Bremen

Auftraggeber
Venture Ship AG

Aufgabe
Namens- und CD-Entwicklung

Gründung
1998

Mitarbeiter
40

Umsatz 2001
DM 9,8 Millionen / EUR 5,1 Millionen

www.incorporate.de

Profil INCORPORATE entwickelt seit 1998 Unternehmensidentitäten, Erscheinungsbilder und Markenstrategien unter der Leitung der Inhaber und Geschäftsführer Almut Röper und Karsten Unterberger. Mit über 40 Mitarbeitern in Berlin und Bremen betreut die Agentur mittelständische und große Unternehmen. Die angebotene Dienstleistung umfasst Beratung, Branding, Corporate Design, Corporate Communication, Research, Digitale Medien, Investor-Relations bis hin zur Organisationsentwicklung. Mit einem Umsatz von DM 13,2 Millionen / EUR 6,75 Millionen im Jahr 2000 und zahlreichen Auszeichnungen gehört INCORPORATE zu den Top Ten der deutschen CI-Agenturen.

Folgende Auftraggeber gibt die Agentur unter anderem an: Referenzen

- Lang + Schwarz Gruppe
- Siemens
- Hellmann Worldwide Logistics
- nordCom
- Blöcker
- Venture Ship AG
- Daimler Chrysler AG
- Rotes Kreuz Krankenhaus
- Signum GmbH
- Mapa GmbH
- Tom Tailor AG
- Astron Hotels AG

Die Aufgabe

Für die neu zu gründende Aktiengesellschaft mussten Anforderungen
in einer integrierten ersten Arbeitsphase eine klare Markt-
positionierung und ein auf diese Positionierung sowie
die Grundwerte des Unternehmenskonzeptes abgestimm-
ter Name entwickelt werden. Das neue CD der Geschäfts-
austattung und die Imagebroschüre sollten diese Positionierung mit einem klaren, innovativen Auftritt visualisieren
und unterstützen.

Leitidee
Die neu gegründete VENTURE SHIP AG sieht sich in der
langen Tradition der Pioniere und fördert durch Venture-
Capital-Investitionen mutige Gründer und Unternehmen,
mit innovativen Ideen Neuland zu betreten. Getreu dem
Motto des Gründers »Beteiligen heißt beteiligt sein« steht

die enge und transparente Zusammenarbeit zwischen Investor (VENTURE SHIP AG) und Portfoliounternehmen im Vordergrund. Das zu entwickelnde moderne Corporate Design sollte diese Positionierung unterstützen und sich durch eine mutige Visualisierung klar von den banktypisch auftretenden Wettbewerbern abgrenzen. Die Bildmarke sollte den Arbeits- und Entwicklungsprozess visualisieren, den die Portfoliounternehmen und die VENTURE SHIP AG jeweils gemeinsam durchlaufen. Das Erscheinungsbild musste flexibel sein und sollte auf die jeweiligen kommunikativen und medialen Anforderungen spezifisch reagieren können.

Die Umsetzung

Die Geschäftsleitung der VENTURE SHIP AG trat als Start-up-Unternehmen mit ihrem ersten CD-Auftrag an die Agentur INCORPORATE heran. Diese stellte sich der Aufgabe mit Mitarbeitern aus den Bereichen Geschäftsleitung, Projektmanagement, Senior-Design, Design, Web-Design und Programmierung, Korrektorat, Praktika. Als Fremdleistung in Form einer Kooperation wurde die externe Hilfe eines Texters hinzugezogen.

Auftragsverlauf

Die Umsetzung erfolgte in drei Phasen:
- ‣ Namensfindung und Slogan
- ‣ Corporate Design
- ‣ Imagebroschüre

Die Vergütung

Phase 1 – Namensfindung und Slogan

▸ **Workshop**
▸ Briefing / Re-Briefing
20 Stunden
à DM 165,– / EUR 84,36 .... DM   3.300,– / EUR   1.687,26
▸ Recherche
20 Stunden
à DM 120,– / EUR 61,36 .... DM   2.400,– / EUR   1.227,10
▸ Analyse des Ist-Zustandes
20 Stunden
à DM 165,– / EUR 84,36 .... DM   3.300,– / EUR   1.687,26
▸ Definition der Ziele
6 Stunden
à DM 165,– / EUR 84,36 .... DM   990,– / EUR   506,18

▸ **Entwicklung**
▸ Konzeption
10 Stunden
à DM 165,– / EUR 84,36 .... DM   1.650,– / EUR   843,63
▸ Kreation
40 Stunden
à DM 220,– / EUR 112,48 .... DM   8.800,– / EUR   4.499,37

▸ **Gesamt Namensfindung**
und Slogan .... DM 20.440,– / EUR 10.450,81

Phase 2 – Corporate Design

▸ **Research**

▸ Briefing / Re-Briefing
6 Stunden
à DM 165,– / EUR 84,36 .... DM   990,– / EUR   506,18

▸ Problemerkennung
10 Stunden
à DM 165,– / EUR 84,36 .... DM   1.650,– / EUR   843,63

▸ Recherche
20 Stunden
à DM 120,– / EUR 61,36 .... DM   2.400,– / EUR 1.227,10

▸ Definition der Ziele
6 Stunden
à DM 165,– / EUR 84,36 .... DM   990,– / EUR   506,18

▸ **Entwicklung**

▸ Konzeption
8 Stunden
à DM 165,– / EUR 84,36 .... DM   1.320,– / EUR   674,91

▸ Auswahl und Korrektur
10 Stunden
à DM 220,– / EUR 112,48 .... DM   2.200,– / EUR 1.124,84

▸ Kreation / Design
80 Stunden
à DM 220,– / EUR 112,48 .... DM 17.600,– / EUR 8.998,74

- **Produktion**
- Lektorat
  12 Stunden
  à DM 140,– / EUR 71,58 .... DM   1.680,– / EUR   858,97
- Produktion
  42 Stunden
  à DM 140,– / EUR 71,58 .... DM   5.880,– / EUR   3.006,40

- **Gesamt Corporate Design** .... DM 37.710,– / EUR 19.280,82

Phase 3 – Imagebroschüre

- **Research**
- Briefing / Re-Briefing
  14 Stunden
  à DM 165,– / EUR 84,36 .... DM   2.310,– / EUR   1.181,08
- Problemerkennung
  10 Stunden
  à DM 165,– / EUR 84,36 .... DM   1.650,– / EUR   843,63
- Recherche
  6 Stunden
  à DM 120,– / EUR 61,36 .... DM   2.400,– / EUR   1.227,10
- Definition der Ziele
  8 Stunden
  à DM 165,– / EUR 84,36 .... DM   1.320,– / EUR   674,91

▸ **Entwicklung**

▸ Konzeption
24 Stunden
à DM 165,– / EUR 84,36 .... DM   3.960,– / EUR   2.024,72

▸ Kreation / Design
40 Stunden
à DM 220,– / EUR 112,48 .... DM   8.800,– / EUR   4.499,37

▸ Text / Redaktion
80 Stunden
à DM 165,– / EUR 84,36 .... DM   13.200,– / EUR   6.749,05

▸ Lektorat
8 Stunden
à DM 80,– / EUR 40,90 .... DM   640,– / EUR   327,23

▸ **Produktion**

▸ Produktionsabwicklung
60 Stunden
à DM 140,– / EUR 71,58 .... DM   8.400,– / EUR   4.294,85

▸ Satz / DTP
34 Stunden
à DM 140,– / EUR 71,58 .... DM   4.760,– / EUR   2.433,75

▸ **Gesamt Imagebroschüre** .... DM   47.440,– / EUR 24.255,69

▸ Namensfindung und Slogan   DM   20.440,– / EUR 10.450,81
▸ Corporate Design .... DM   37.710,– / EUR 19.280,82
▸ Imagebroschüre .... DM   47.440,– / EUR 24.255,69

▸ **Gesamt** .... DM 105.590,– / EUR 53.987,31

8.14 heithoff identity

Münster

Auftraggeber
pbr Planungsbüro Rohling AG,
Architekten und Ingenieure

Aufgabe
Überarbeitung des Erscheinungsbildes
und Optimierung der Formularlandschaft

Gründung
1993

Mitarbeiter
9

Umsatz 2001
DM 1,35 Millionen / EUR 690 Tausend

www.heithoff.de

HEITHOFF IDENTITY hilft Unternehmen und Institutionen, **Profil** sich selbst und anderen zu vermitteln, wofür man steht und wohin man will – und das in den drei Dimensionen Sprache, Gestaltung und Verhalten. In einer Branche, in der selbst Zwei-Mann-Büros vorgeben, alles zu können, positioniert sich das kompakte Team als Spezialist. Zum Spektrum gehören Identity-Konzepte, Erscheinungsbilder und Unternehmensliteratur. »Von anderen Dingen lassen wir die Finger«, so Gründer und Geschäftsführer Jörg Heithoff. Das Büro versteht sich als Symbiose aus Designbüro und Unternehmensberatung. »Und wir machen nicht nur, was Kunden wollen, sondern sagen ihnen auch, was sie wollen sollten«, so Heithoff zum eigenen Credo. Spezialisiert auf bestimmte Branchen sind die Berater und Gestalter aus Münster nicht.

Folgende Projekte zählt die HEITHOFF IDENTITY zu ihren **Referenzen** wichtigsten:

▸ das Konzept zum ersten verkehrsmittel-
  übergreifenden kommunalen
  Verkehrsinformationssystem (1993)
▸ die Komplettpositionierung
  eines neu gegründeten Bahnunternehmens
  (WestBahn GmbH) (1998)
▸ die Positionierung eines ersten deutschen
  CarSharing-Netzwerkes (2000)
▸ gemeinsam mit Partnern – die Realisation
  einer neuen crossmedialen Dialogplattform
  für eine große deutsche Industrie- und
  Handelskammer (2000)

Die Aufgabe

Anforderungen Das Unternehmen PBR mit mehreren Standorten in
Deutschland ist ein Planungsbüro mit starkem Wachstum
und Teil des internationalen Architektur-Netzwerkes
BDP International. Es bietet integrierte Planung aus einer
Hand, aber auch Teilleistungen wie zum Beispiel Architek-
tur, technische Ausrüstung oder Projektsteuerung für
große Bauprojekte. Der alte Auftritt vermittelte weder die
Leistungspalette noch die Struktur des Unternehmens.
Als Ziel galt es nun, ein Erscheinungsbild zu realisieren, das
die Stärken des Unternehmens kommuniziert und seine
Struktur transparent macht.

Die Umsetzung

Geschäftsleitung, Projektmanagement, Konzeption, **Auftragsverlauf**
Senior-Design und Design waren seitens der Agentur an
der Umsetzung beteiligt. Nach einer Markt- und Situations-
analyse entwickelte die Agentur eine Strategie, die nicht
nur Vorschläge für den Auftritt der einzelnen Leistungs-
bereiche enthielt, sondern auch eine interne organisatorische Weiterentwicklung empfahl. Dabei stand der Profit-
center-Gedanke im Mittelpunkt. Nach Untersuchungen
und Optimierung der Formularlandschaft konnte etwa
ein Drittel der Formulare eingespart werden. Das Konzept
wurde nicht komplett umgesetzt, da der Auftraggeber
den weitergehenden strategischen Überlegungen nur
bedingt folgen wollte. Das neue Erscheinungsbild wurde
implementiert. Der Kunde übernahm dabei auf eigenen
Wunsch das Installieren von Formatvorlagen auf seinen
Rechnern selbst.

Für die einzelnen Arbeitsphasen ergaben sich folgende **Zeitrahmen**
Zeitrahmen:
- ‣ Briefing / Re-Briefing .... 1 Woche
- ‣ Recherche .... 4 Wochen
- ‣ Analyse Ist-Zustand .... 2 Wochen
- ‣ Konzeption... 3 Wochen
- ‣ Auswahl und Korrektur .... 6 Wochen
- ‣ Implementierung .... 4 Wochen
- ‣ Dokumentation .... 1 Woche

pbr

Planungsbüro Rohling AG
Architekten und Ingenieure

Die Vergütung

- ‣ **Agenturleistung**
- ‣ Briefing / Re-Briefing .... DM   4.000,– / EUR   2.045,17
- ‣ Recherche .... DM   6.000,– / EUR   3.067,75
- ‣ Analyse des Ist-Zustandes ...... DM   3.500,– / EUR   1.789,52
- ‣ Konzeption............................ DM 12.000,– / EUR   6.135,50
- ‣ Auswahl und Korrektur .... DM   5.500,– / EUR   2.812,11
- ‣ Implementierung/
  Dokumentation .... DM   9.000,– / EUR   4.601,63

  Die Stundensätze betrugen je nach Qualifikation
  DM 150,– bis DM 290,– / EUR 76,69 bis EUR 148,27.

- ‣ **Materialkosten**
- ‣ für Präsentation und Anfertigung
  von Modellen weniger als .... DM   1.000,– / EUR   511,29

- ‣ **Gesamt** .... DM 41.000,– / EUR 20.962,97

Über die Autoren 9

Foto:
Ingo Voigt

Rayan Abdullah

1957	geboren in Mosul/Irak
1975-1978	Technical Secondary School in Mosul
1978-1980	Studienaufenthalt in Rumänien
1982-1984	Studium an der HOCHSCHULE DER KÜNSTE BERLIN, Kulturpädagogik
1984-1989	Studium an der HOCHSCHULE DER KÜNSTE BERLIN, Visuelle Kommunikation bei PROF. KAPITZKI
1989	Abschluss als Diplom-Designer zum Thema »Arabische Schriftkunst«
1990-1992	Designer im Atelier HOCH DREI in Berlin
1991	Abschluss als Meisterschüler mit dem Thema »Entwicklung und Gestaltung neuer arabischer Schriften«
seit 1993	Lehrtätigkeit beim LETTEVEREIN BERLIN, zum Thema »Schriftgestaltung«

seit 1993	Designbüro METADESIGN, BERLIN Projektleiter für Berliner Verkehrsbetriebe (BVG) und Orient
seit 1995	Senior-Designer für mehrere Projekte: Projektleiter für Konzept und Gestaltung der gesamten Corporate-Design-Dokumentation der BVG; Projektleiter für das gesamte Corporate Design des VBB (Verkehrsverbund Berlin-Brandenburg)
1996	Projektleiter für das Corporate Design der Bundesregierung
1997	Gestaltung des Bundesadlers für das Bundespresse- und Informationsamt; Projektleiter für das Info- und Leitsystem der VW-Werke
seit 1998	Senior-Designer für das Corporate Design für Volkswagen und Bugatti
seit 2000	Freischaffender Berater für Corporate Identity / Corporate Design
seit 2002	Professor für Typografie an der HOCHSCHULE FÜR GRAFIK UND BUCHKUNST in Leipzig
2002	Gründung MARKENBAU, Agentur für Corporate Identity / Corporate Design

Foto:
Antje Plewinski

Roger Hübner

1967	geboren in Berlin
1988-1989	Ausbildung bei der Deutschen Bank AG zum Bankkaufmann
1990-1994	Geschäftsleitung des Grafik-Design-Büros FUNfactory
1991-1994	Studium am LETTEVEREIN BERLIN im Bereich Grafik-Design
1992	Lehrtätigkeit am LETTEVEREIN BERLIN, Workshops zum Autorenprogramm MacroMind Director (heute Macromedia Director)
1994	Abschluss als Grafik-Designer
1994-1995	Geschäftsleitung und Art-Direction des Grafik-Design-Büros BLACKBOX
1996-1997	Werbeagentur CONNEX, Berlin Art-Direction für die Weberbank und Berliner Industriebank
1997-1998	Leiter der Abteilung Web-Design, START MEDIA PLUS in Frankfurt am Main

seit 1998 Geschäftsleitung und Art-Direction,
Büro für webconsulting und -design,
WEBJUICE

seit 1998 Fachbereichsleiter Web-Design und Projektleitung, MEDIADESIGN AKADEMIE in Berlin;
Konzeption, Definition und Implementierung
einer projektorientierten Ausbildung

2000 Freischaffender Berater für die Entwicklung
und Implementierung von Online-Erscheinungs-
bildern; Moderation und Konzeption der
bundesweiten Ausschreibung zur Info-Plattform
SPORTGATE

2000 Autor des Buches »Was kostet Web-Design?«

2000 Mitbegründer und Vorstandsvorsitzender
der Vereinigung der Web-Designer e.V.

Literaturempfehlungen

ANTONOFF, ROMAN
Die Identität des Unternehmens
Ein Wegbegleiter
zur Corporate Identity
Frankfurter Allgemeine Zeitung,
Frankfurt am Main 1987
ISBN 3-924875-18-9

BEYROW, MATTHIAS
Mut zum Profil
Corporate Identity und Corporate
Design für Städte
av edition, Stuttgart 1998
ISBN 3-929638-19-3

BIRKIGT, KLAUS [Hrsg.]
Corporate Identity
Grundlagen, Funktionen,
Fallbeispiele
3.Auflage, Verlag Moderne Industrie,
Landsberg/Lech 1986
ISBN 3-478-23403-4

DALDROP, NORBERT
Kompendium Corporate Identity
und Corporate Design
av edition, Stuttgart 1997
ISBN 3-929638-09-6

ERLER, JOHANNES und
STEIN, OLAF [Hrsg.]
Neugierig 1
Überblick über die deutsche
Kompetenz-Szene
Verlag Hermann Schmidt,
Mainz 1998
ISBN 3-87439-565-0

ERLER, JOHANNES [Hrsg.]
Neugierig 2
Überblick über die deutsche
Kompetenz-Szene
Verlag Hermann Schmidt,
Mainz 2000
ISBN 3-87439-489-1

HERBST, DIETER
Corporate Identity
Cornelsen Verlag, Berlin 1998
ISBN 3-464-49032-7

HOSSFELD, KLAUS
Das Unternehmen
als Persönlichkeit
Bausteine
des dauerhaften Erfolges
Verlag Moderne Industrie,
Landsberg/Lech 1986
ISBN 3-478-32600-1

KROEHL, HEINZ
Corporate Identity
als Erfolgsfaktor im 21.Jahrhundert
Vahlen, München 2000
ISBN 3-8006-2485-0

LEU, OLAF
Corporate Design
Bestandteil der
Unternehmenskommunikation
Bruckmann, München 1992
ISBN 3-7654-2573-7

LINXWEILER, RICHARD
Marken-Design
Marken entwickeln, Marken-
strategien erfolgreich umsetzen
Gabler Verlag, Wiesbaden 1999
ISBN 3-409-11421-1

OLINS, WALLY
Corporate Identity
Making Business Strategy Visible
through Design
Thames and Hudson Ltd. 1994
ISBN 0-500-27808-3

OLINS, WALLY
The Wolff Olins Guide
to Corporate Identity
The Design Council 1990
ISBN 0-85072-260-8

REGENTHAL, GERHARD
Corporate Identity –
Luxus oder Notwendigkeit?
Mit gutem Image zum Erfolg
Gabler Verlag, Wiesbaden 1997
ISBN 3-409-18885-1

SCHMITT, BERND und
SIMONSON, ALEX
Marketing-Ästhetik
Strategisches Management von
Marken, Identity und Image
Econ Verlag, München 1998
ISBN 3-430-18023-6

SCHMITTEL, WOLFGANG
Corporate design international
Definition und Nutzen eines
konsequenten Firmenauftritts
abc-Verlag, Zürich 1984
ISBN 3-85504-080-x

Deutschland

ADC Art Directors Club
für Deutschland
Melemstraße 22
60322 Frankfurt am Main
Telefon (069) 596 40 09
Fax (069) 596 46 02
E-Mail adc@adc.de
Internet www.adc.de

Deutscher Designer Club e.V.
Hanauer Landstraße 139
60134 Frankfurt am Main
Telefon (069) 405 78-624
Fax (069) 405 78-597
E-Mail info@ddc.de
Internet www.ddc.de

DMMV Deutscher Multimedia
Verband e.V.
Kaistraße 14
40221 Düsseldorf
Telefon (02 11) 60 04 56-0
Fax (02 11) 60 04 56-33
E-Mail info@dmmv.de
Internet www.dmmv.de

Forum für Entwerfen e.V.
Initiative für gebrauchs-
orientierte Gestaltung und
gestaltungsrelevante Wissenschaften
Klosterhof 27
89077 Ulm
Telefon (07 31) 93 86 88-0
Fax (07 31) 93 86 88-2
Internet www.forum-entwerfen.de

IDZ Internationales
Design Zentrum Berlin e.V.
Rotherstraße 16
10245 Berlin
Telefon (030) 29 33 51-0
Fax (030) 29 33 51-11
E-Mail idz@idz.de
Internet www.idz.de

Kommunikationsverband.de
Adenauerallee 118
53113 Bonn
Telefon (02 28) 949 13-0
Fax (02 28) 949 13-13
E-Mail
info@kommunikationsverband.de
Internet
www.kommunikationsverband.de

**VDWD Vereinigung
der Web-Designer e.V.**
Transvaalstraße 6
13351 Berlin
Telefon (030) 45 19 99 75
Fax (030) 45 19 99 75
E-Mail info@vdwd.de
Internet www.vdwd.de

**ZIM Zentrum
für interaktive Medien e.V.**
Köhlstraße 10
50827 Köln
Telefon (02 21) 250 31 26
Fax (02 21) 250 31 29
E-Mail zim@zim.de
Internet www.zim.de

Österreich

**MBA Multimedia Business
Austria**
Karmeliterplatz 1/15
A-1020 Wien
Telefon +43 (0)1 21 28 52-2
Fax +43 (0)1 21 28 52-29
E-Mail info@mba.at
Internet www.mba.at

**VIW Verband
für Informationswirtschaft**
Postfach 160
A-1141 Wien
Telefon +43 (0)19 61 01 02
Fax +43 (0)19 61 01 03
E-Mail gwagner@viw.or.at
Internet www.viw.or.at

Schweiz

**SIMA Swiss Interactive Media
Association**
Postfach 12 11
CH-8032 Zürich
Telefon +41 (0)8 78 80 01 24
Fax +41 (0)8 78 80 01 25
E-Mail admin@sima.ch
Internet www.sima.ch

Glossar

AGB
Allgemeine Geschäftsbedingungen

Basiselemente
sind die kleinsten kombinierbaren, gestalterischen Teile eines Corporate Designs.

Briefing
ist der erste projektbezogene Austausch zwischen Auftraggeber und Design-Agentur.

Bildkonzept
ist die Definition der visuellen Merkmale von Abbildungen zu einem durchgängigen Konzept in Form von Illustrationen oder Fotos.

Bildschirmschrift
ist eine speziell angefertigte Schriftform zur Darstellung an einem Computerbildschirm.

Briefschaft
beschreibt die postalischen Kommunikationsmittel wie zum Beispiel einen Briefbogen, die zweite Seite, einen Kurzbrief, ein Faxdeckblatt etc.

CD-Manual
Corporate Design-Handbuch, in dem die Basiselemente und ihre Anwendung in Verbindung mit einer »visuellen Klammer« definiert sind.

CMYK
Offset-Druckmaschinen arbeiten mit den subtraktiven Grundfarben, die übereinander gedruckt Schwarz ergeben. Es sind Grünblau, Gelb, Purpur sowie Schwarz – also Cyan, Magenta, Yellow und Schwarz.

Controlling
ist ein Teil des operativen Projektmanagements mit den Aufgaben der Produktionsüberwachung.

Corporate
englisch für Kooperations-, Konzern-, Unternehmens-

Corporate Behavior (CB)
transportiert die Identität eines Unternehmens über seine Verhaltensweise nach außen und innen.

Corporate Communication (CC)
transportiert die Identität eines Unternehmens über die angewandten Kommunikationsarten nach außen und innen.

Corporate Design (CD)
transportiert die Identität eines Unternehmens über sein Erscheinungsbild nach außen und innen.

Corporate Identity (CI)
ist die bewusste Definition einer Unternehmensidentität aus Selbstbild und Fremdbild, welche die unternehmensspezifischen Werte, Ziele und Qualitäten beschreibt und mit den drei wesentlichen Instrumenten Corporate Design (CD), Corporate Behavior (CB) und Corporate Communication (CC) transportiert und vermittelt.

Digitale Medien
sind auf elektronischem Wege Daten verarbeitende Medien zum Zwecke der Kommunikation.

DIN
Deutsches Institut für Normung e.V.

Euroskala
Mit der Euroskala wird das subtraktive Farbmodell CMYK beschrieben, wie es im Offsetdruck eingesetzt wird. Die Farben der Euroskala entstehen durch die Mischung dieser Grundfarben. Die Wiedergabe leuchtender Farben ist mit den Eurofarben nur bedingt möglich, da sie durch die Mischung unrein wirken.

Extranet
ist ein firmenorientiertes Computernetz zur externen Kommunikation mit Zugriffseinschränkungen.

Farbklima
ist das kontrollierte Zusammenspiel von mehren Farben.

Fremdbild (Corporate Image)
ist die Gleichheit eine Person aus der Sicht eines Dritten.

Grundlinienraster
Das Grundlinienraster unterteilt das Grundraster in kleinere Einheiten und ist das kleinste Maß in der vertikalen Ausrichtung.

Grundraster

Das Grundraster gliedert die Seite durch horizontale und vertikale Linien, an denen sich die Gestaltung und das Layout ausrichten.

Hausfarben

die Farben und dessen Attribute, mit denen sich ein Unternehmen primär nach außen und innen identifiziert und präsentiert

Hausschrift

die Schrift und dessen Attribute, mit denen sich ein Unternehmen primär nach außen und innen identifiziert und präsentiert

HKS-Farben

sind Schmuckfarben, die als Sonderdruckfarbe im Offset- oder Hochdruck verwendet werden. HKS ist ein Warenzeichen der Firmen Hostmann-Steinberg GmbH, BASF Drucksysteme GmbH und H.Schmincke & Co.KG. Die drei Buchstaben bezeichnen die Initiatoren. H für die Druckfarbenfabrik Hostmann und Steinberg, K für die Druckfarbenfabrik Kast & Ehinger und S für die Malfarbenfabrik Schmincke.

Implementierung

ist die Anwendung und Umsetzung des CD-Manuals auf konkrete Objekte.

Info- und Leitsysteme

sind Orientierungssysteme durch zusammenhängende, möglichst selbsterklärende visuelle Symbole oder Titulierungen.

Internet

ist ein weltweites, öffentliches Computernetz.

Intranet

ist ein firmenorientiertes Computernetz zur internen Kommunikation.

Korrespondenzschrift

ist die Schriftart, die vom Unternehmen einheitlich zum Schreiben von zum Beispiel Briefen und Telefaxen verwendet wird.

Pantone-Farben

sind Schmuckfarben der Pantone, Inc. aus New Jersey, USA. Sie werden u.a. für grafische Entwürfe oder als Schmuckfarbe im Offset- oder Hochdruck verwendet.

Piktogramm

grafisches, auf das wesentliche reduziertes Symbol mit selbsterklärender Bedeutung

Pitch-Präsentation

ist eine Wettbewerbspräsentation zwischen mehreren Konkurrenten mit dem Ziel der Auftragserteilung.

PostScript

Die von Adobe entwickelte Seitenbeschreibungssprache PostScript stellt Schriftzeichen und grafische Elemente so dar, dass sie größenunabhängig in der höchstmöglichen Auflösung des Druckers oder Belichters ausgegeben werden können.

Primärfarbe

Hauptfarbe

Rahmenvertrag

ist die Grundlage für eine gesicherte Zusammenarbeit zwischen Auftraggeber und einer Design-Agentur in Form einer projektunabhängigen Vereinbarung, die die Agentur befugt, bis zu einer bestimmten Größe Unteraufträge im Auftrage des Auftraggebers zu vergeben.

RAL

Farbsystem vom Deutschen Institut für Gütesicherung und Kennzeichnung. Vorwiegend in Deutschland verwendetes Farbsystem für Körperfarben.

Re-Briefing

ist die Resonanz des Auftraggebers auf die Interpretation des Briefings durch die Design-Agentur.

Reinzeichnung

ist eine Reproduktionsvorlage für die Vervielfältigung.

RGB

Wenn die additiven Lichtfarben Rot, Grün und Blau übereinander projiziert werden, addieren sie sich zu Weiß. Nach diesem Farbmodus arbeiten Scanner und Farbmonitore. Eine Null-Dichte von Rot, Grün und Blau führt zu Schwarz. Haben alle drei Farben den gleichen Wert (zwischen 0 und 255) entsteht Schwarz, ein wertabhängiger Grauton oder Weiß.

Satz

meint den Schriftsatz, der seine Ursprünge im Buchdruck hat.

Sekundärfarben

ergänzendes Farbspektrum zu den Primärfarben

Selbstbild (Corporate Personality)

ist die Gleichheit eine Person mit sich selbst.

Signet

gestaltetes Symbol oder Firmenzeichen. Kann aus einer Bild- und/oder Wortmarke bestehen. Übergeordneter Begriff für alle Zeichen oder Symbole, die stellvertretend für einen Zusammenschluss in Form zum Beispiel eines Unternehmens oder eines Vereins stehen. Es kann aus einem Bild, einem Wort (Logo) oder einer Kombination aus Wort und Bild bestehen.

Sonderfarben, Schmuckfarben

Sonderfarben oder Schmuckfarben werden im Allgemeinen alle vorgemischten Farben bezeichnet, die nicht durch das Vierfarb-Druckverfahren mit den CMYK-Farben gemischt werden. Hersteller solcher Sonderfarbsysteme sind beispielsweise HKS oder Pantone.

Template

eine Vorlage, die kombiniert angewendet werden kann und in der bestimmte Teile vordefiniert sind

TrueType-Schrift

Bildschirm- und Druckerschrift sind in einem Datensatz vereint. Die TrueType-Schrift ist auch ohne AdobeTypeManager (ATM) in allen Größen am Bildschirm darstellbar.

Urheberrecht

bildet die rechtliche Grundlage für eine wirtschaftliche Verwertung der eigenen Design-Arbeiten in Form von Nutzungsrechten.

Visuelle Klammer

eine gestalterische, wiederkehrende Eigenart, entwickelt aus dem bewussten Einsatz der Basiselemente, das sich als Konzept durch alle Anwendungen bzw. Erzeugnisse zieht

»Neugierig« auf Spitzenleistungen in Corporate Design und visueller Kommunikation?

Wenn Sie wissen wollen, wer für wen besonders erfolgreiche CD-Lösungen in Deutschland entwickelt hat, findet in der Buchreihe »Neugierig« die kompetente Antwort. Bereits zum dritten Mal bietet dieses Nachschlagewerk den besten Designbüros eine Plattform der Darstellung und des Dialogs mit der Wirtschaft.

Neugierig 3
Auf fast 500 Seiten finden Sie neben 150 Grafikdesign-Größen und den wichtigsten Ausbildungsinstitutionen Beiträge zu Branding, Umgang mit dem Kunden und Berichte aus der Praxis.

Neugierig 3,
ca. 500 Seiten,
Format 24 x 32 cm,
Festeinband
Ca. Euro 89,–
ISBN 3-87439-603-7
Erscheint im Oktober 2002

Noch in wenigen
Exemplaren lieferbar:
Neugierig 1
(2. Auflage), Softcover
Euro 46,–
ISBN 3-87439-565-0
Neugierig 2
448 Seiten, Festeinband
Euro 89,–
ISBN 3-87439-489-1

Die Kreativ-Quelle: das ADC-Buch

Das Beste aus über 7000 Einsendungen aus allen Bereichen
der visuellen Kommunikation – von der Werbung bis
zum Geschäftsbericht – stellt der Art Directors Club für
Deutschland jährlich im ADC-Buch zusammen: Über 700
Seiten Anregungen, Fundgrube für die Wahl der richtigen
Agenturen.

Verlag Hermann Schmidt Mainz

Der führende Fachverlag
für Typografie, Grafikdesign
und visuelle Kommunikation
Robert-Koch-Straße 8
55124 Mainz

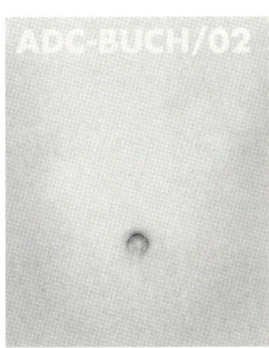

Art Directors Club für
Deutschland (Hrsg.)
ADC-Buch 2002
ca. 700 Seiten
mit ca. 2000 farbigen
Abbildungen
Format 24 x 29,7 cm
Festeinband
Euro (D) 98,– | sFr. 166,–
ISBN 3-87439-598-7
Erscheint im Juli 2002

www.typografie.de

Corporate Design im Zeichen des Aldusblatts

Seit fünfzehn Jahren steht das Aldusblatt, eine Ornament-
form aus der Frühzeit der Druckkunst und benannt nach
Aldus Manutius (1448 – 1515), dem Verleger, Drucker und
Typografen, im Verlag Hermann Schmidt Mainz für Bücher,
die mit Leidenschaft und Kompetenz gemacht werden.
          Wenn das Verlagsprogramm so kohärent und in der
Zielgruppe so angenommen ist, dann darf das CD lebendig
werden: Unsere Autoren erfinden das Aldusblatt jedes
Mal neu – *finden Sie* in unserem Verlagsverzeichnis Ihre
persönlichen Favoriten zu Typografie, Grafikdesign und
visueller Kommunikation.

**Fordern Sie Ihr kostenloses
Verlagsverzeichnis an:**

Verlag Hermann Schmidt Mainz
info@typografie.de
Tel. 0 61 31/50 60 30
Fax 0 61 31/50 60 80